Albanie Guide De Voyage 2024

Dévoilement de trésors cachés, de richesses culturelles et d'aventures durables au cœur des Balkans

Jonathan Smith

Table des matières

Table des matières...1
Page de droits d'auteur...4
INTRODUCTION.. 5

Chapitre 1.. 11
BIENVENUE EN ALBANIE..11
   Aperçu de l'histoire et de la culture de l'Albanie..... 12
   Climat et géographie..15
   Conseils de voyage essentiels et étiquette culturelle. 18

Chapitre 2.. 21
PLANIFIER VOTRE VOYAGE EN ALBANIE............ 21
   Exigences de visa et procédures d'entrée.............23
   Meilleur moment pour visiter l'Albanie....................25
   Conseils en matière de budgétisation et de change... 28

Chapitre 3.. 31
EXPLORER LA CUISINE ALBANIENNE....................31
   Délices culinaires : plats traditionnels albanais...... 32
   Marchés locaux et aventures culinaires de rue...... 36
   Étiquette à manger et restaurants incontournables 40

Chapitre 4... **45**
VILLES ET VILLES À VISITER................................. **45**
   Tirana : extravagance dans la capitale................... 46

Chapitre 5... **55**
MERVEILLES NATURELLES ET ACTIVITÉS DE PLEIN AIR.. **55**
   La Riviera albanaise : plages immaculées et charme côtier.. 56
   Parcs nationaux luxuriants et sentiers de randonnée. 59
   Sports d'aventure et activités nautiques................. 62

Chapitre 6... **67**
REPÈRES HISTORIQUES ET CULTURELS.............. **67**
   Sites du patrimoine mondial de l'UNESCO............. 68
   Ruines antiques et merveilles archéologiques....... 71
   Musées et galeries présentant le patrimoine albanais 74

Chapitre 7... **77**
EXPÉRIENCES LOCALES ET FESTIVALS............... **77**
   Festivals culturels immersifs................................. 78
   Famille d'accueil et hospitalité locale..................... 81
   Expériences uniques hors des sentiers battus....... 84

Chapitre 8... **89**
CONSEILS PRATIQUES DE VOYAGE ET MESURES DE SÉCURITÉ.. **89**

Transports en Albanie..90
Bases de la communication et du langage..............95

Chapitre 9...101
VOYAGE DURABLE EN ALBANIE............................101
Pratiques touristiques responsables.....................103
Hébergements et activités écologiques................107
Soutenir les communautés locales et les efforts de conservation...111

PRIME..117
A. Itinéraire de 7 jours pour explorer l'Albanie : un guide de voyage complet..117
B. Phrases de base pour les voyageurs et les touristes se rendant en Albanie............................122
C. 10 choses que vous ne devriez pas faire en Albanie pour les touristes et les voyageurs...........126
D. 10 endroits que vous ne devriez pas visiter en Albanie pour les touristes et les voyageurs seuls, surtout la nuit...130
E. PLANIFICATEUR DE VOYAGE.........................135

Page de droits d'auteur

(C)Jonathan Smith, 2024

Tous droits réservés. Aucune partie de cette publication ne peut être reproduite, distribuée ou transmise sous quelque forme ou par quelque moyen que ce soit, y compris la photocopie, l'enregistrement ou d'autres méthodes électroniques ou mécaniques, sans l'autorisation écrite préalable de l'éditeur, sauf dans le cas de brèves citations incorporées dans des critiques critiques et dans certaines autres utilisations non commerciales autorisées par la loi sur le droit d'auteur.

INTRODUCTION

Dans les coins tranquilles de mon enfance, mes parents peignaient des images vivantes de leurs escapades européennes, tissant des histoires de rues pavées, de monuments historiques et du charme indescriptible de chaque pays. Élevés par des passionnés de l'Europe, mes frères et sœurs et moi nous sommes nourris des histoires de leurs premiers jours de mariage, parcourant le continent avec des yeux écarquillés. Ces contes ont été les graines qui ont semé en moi un fervent désir : une envie de parcourir les rues d'Europe, de respirer la riche histoire et de savourer les saveurs d'un continent qui semblait être une tapisserie de rêves.

Au fil des années, la vie a suivi son cours et l'opportunité de me lancer dans mon odyssée européenne m'a glissé entre les doigts. Avance rapide jusqu'en 2023, l'année où je me suis retrouvé au bord de ma septième décennie. Mes parents n'étaient plus à mes côtés, ayant laissé derrière eux un héritage d'amour et un trésor de contes européens. Pourtant, j'ai refusé de laisser le passage du temps affaiblir mon moral ; il était temps pour moi de réaliser les rêves que je nourrissais depuis si longtemps.

Alors, avec une valise pleine d'impatience et un cœur avide d'aventure, j'ai jeté mon dévolu sur l'Europe. La première étape de mon itinéraire était l'Albanie, un pays qui promettait une beauté intacte et une richesse culturelle. Je ne savais pas que ce séjour de deux mois allait s'inscrire dans le tissu de mes souvenirs, devenant un chapitre que je revisiterais avec joie pour les années à venir.

Tirana, la vibrante capitale, m'a accueilli à bras ouverts. Le paysage urbain s'est déroulé comme une toile vivante, où la modernité dansait avec la tradition. Le cœur de Tirana, la place Skanderbeg, résonne des récits de la lutte de l'Albanie pour l'indépendance. Alors que je me tenais là, j'ai ressenti un lien avec le passé, une conversation silencieuse avec l'histoire qui résonnait à travers l'architecture environnante.

Gjirokastër, avec ses rues pavées et son charme ottoman, m'a embrassé dans son étreinte historique. L'ancienne citadelle murmurait des histoires d'époques révolues et le festival national de folklore de Gjirokastër m'a transporté dans un royaume où la tradition était vivante et florissante. C'est ici que j'ai appris la véritable essence de l'hospitalité albanaise, alors que les habitants partageaient leurs histoires et leurs traditions, laissant une marque indélébile dans mon cœur.

Shkodër, nichée entre la frontière monténégrine et les rives du lac Shkodër, a révélé une autre facette de l'Albanie. Les ruines du château de Rozafa perchées au sommet d'une colline offraient des vues panoramiques qui s'étendaient au-delà des frontières, témoignage de la riche tapisserie de paysages du pays. Le mélange de nature et d'histoire à Shkodër m'a laissé émerveillé, déclenchant une profonde appréciation de la diversité qu'incarne l'Albanie.

En m'aventurant vers le sud, je me suis retrouvé immergé dans la beauté enchanteresse de la Riviera albanaise. Des plages immaculées de Dhërmi au littoral accidenté près de Vlorë, chaque étendue de la Riviera ressemblait à une carte postale soigneusement conçue. Le col de Llogara, avec ses routes sinueuses et ses vues à couper le souffle, m'a coupé le souffle, rappelant la beauté sauvage que la nature confère à l'Albanie.

À l'intérieur des terres, les ruines antiques de Butrint m'ont transporté dans un monde où les empires ont connu leur essor et leur chute. Le site du patrimoine mondial de l'UNESCO s'est déroulé comme un musée à ciel ouvert, présentant les couches de l'histoire qui ont façonné la région. Debout au milieu des vestiges de temples et de théâtres, je me suis émerveillé devant la résilience du temps et les histoires gravées dans les pierres sous mes pieds.

L'Albanie n'était pas seulement une destination ; c'était une expérience immersive. Les habitants, avec leur chaleur et leur véritable curiosité, m'ont fait me sentir comme un invité bienvenu plutôt que comme un simple touriste. Les conversations dans les cafés se sont transformées en échanges instructifs sur la vie, la culture et l'identité changeante de l'Albanie. C'était un voyage qui transcendait le tourisme ; c'était une odyssée culturelle qui s'est imprimée dans mon âme.

Alors que mes deux mois en Albanie touchaient à leur fin, j'avais envie d'en savoir plus. La tapisserie vibrante d'expériences, l'étreinte chaleureuse des gens et le kaléidoscope de paysages avaient tissé un charme qui a persisté longtemps après mon départ. L'esprit d'aventure qui avait amené mes parents en Europe il y a plusieurs décennies avait maintenant allumé une flamme en moi.

J'ai quitté l'Albanie avec la promesse de revenir, de plonger plus profondément dans ses joyaux cachés et de créer d'autres chapitres de mon séjour européen. À ces collègues explorateurs qui, comme moi, portent dans leur cœur des rêves d'Europe, je vous invite à penser à l'Albanie en 2024. Que les récits de l'histoire, la chaleur des gens et la beauté intacte de ce joyau caché soient la toile de fond de votre prochaine aventure. L'Albanie vous attend, prête à dévoiler ses secrets et à laisser une marque indélébile dans l'âme de l'explorateur.

Chapitre 1

BIENVENUE EN ALBANIE

La situation géographique de l'Albanie, au carrefour de l'Europe et des Balkans, a joué un rôle central dans la formation de sa diversité historique et culturelle. Nichée au cœur de la péninsule balkanique, la nation témoigne de la confluence de civilisations qui ont laissé leurs marques indélébiles. Depuis les anciens Illyriens qui ont habité la région pour la première fois, jusqu'aux Romains, Byzantins et Ottomans qui ont suivi, chaque époque a tissé un fil distinct dans la tapisserie complexe de l'identité albanaise. La période romaine a apporté prospérité et urbanisation, laissant derrière elle des merveilles archéologiques comme Butrint, un site classé au patrimoine mondial de l'UNESCO. Les Byzantins ont conféré une dimension spirituelle, évidente dans les églises historiques et les pratiques religieuses qui parsèment le paysage. L'occupation ottomane, bien que difficile, n'a pas réussi à effacer la résilience de la culture albanaise, préservant une langue unique et un mélange de diversité religieuse qui distingue la nation.

Embarquer pour un voyage à travers l'Albanie revient à remonter le temps, à travers des paysages où ruines antiques, châteaux médiévaux et architecture ottomane cohabitent harmonieusement. Les couches de l'histoire sont palpables, depuis les tombeaux illyriens bien conservés jusqu'aux bazars ottomans atmosphériques. C'est un voyage à travers les luttes et les triomphes d'une nation issue d'un passé tumultueux avec une identité vibrante et distinctive. Plonger dans ce récit historique permet aux voyageurs non seulement d'apprécier la beauté physique des paysages albanais, mais également de se connecter avec l'esprit de son peuple, dont la résilience et la fierté sont profondément liées aux couches d'histoire qui ont façonné leur patrie.

Aperçu de l'histoire et de la culture de l'Albanie

L'Albanie est un témoignage vivant de la myriade d'influences qui ont façonné sa riche histoire et sa culture dynamique. La tapisserie de son passé est tissée avec des fils provenant de diverses civilisations, créant une mosaïque qui raconte l'histoire d'une nation résiliente. Au cœur de ce voyage historique se trouvent les Illyriens, les premiers habitants connus de la région. Ces peuples anciens ont jeté les bases d'une identité qui perdurerait au fil des siècles de changement, offrant à l'Albanie un héritage culturel distinct qui persiste encore aujourd'hui.

L'époque romaine a marqué une période de transformation pour l'Albanie, apportant avec elle la prospérité et faisant de la région un carrefour crucial du commerce et de la culture. Les vestiges de l'influence romaine sont dispersés à travers le paysage, de la ville bien préservée de Butrint à l'ancien amphithéâtre de Durrës. Cette époque a non seulement façonné l'infrastructure physique de l'Albanie, mais a également laissé une marque indélébile sur son tissu social et économique.

Suite à l'influence romaine, les Byzantins ont encore enrichi la mosaïque culturelle de l'Albanie, introduisant le christianisme dans la région. L'époque byzantine se reflète dans les nombreuses églises et pratiques religieuses qui ont perduré au fil des siècles. L'art et l'architecture médiévales, comme les fresques des églises de Berat et de Gjirokastër, sont des témoins silencieux de cette période d'évolution spirituelle.

L'occupation ottomane, qui s'est étalée sur plusieurs siècles, a laissé une empreinte durable sur l'identité albanaise. Si la domination ottomane a apporté des défis et des changements, elle n'a pas non plus réussi à effacer les éléments distinctifs de la culture albanaise. La résilience du peuple, combinée à une farouche détermination à préserver sa langue et sa diversité religieuse, a permis à l'Albanie de sortir de cette période avec un mélange unique d'influences. Des mosquées, des bazars et une architecture ottomane traditionnelle se trouvent encore dans des villes comme Shkodër et Gjirokastër, démontrant l'impact durable de ce chapitre historique.

Le début du XXe siècle a marqué un tournant important lorsque l'Albanie a déclaré son indépendance, se libérant ainsi de la domination ottomane. Cette période a marqué le début d'un nouveau chapitre dans l'histoire de la nation, caractérisé par les efforts visant à forger une identité moderne et indépendante. Malgré les défis géopolitiques et l'évolution des alliances au cours du tumultueux XXe siècle, l'Albanie est devenue un État souverain, consolidant ainsi sa place sur la scène mondiale.

La tapisserie culturelle de l'Albanie s'étend au-delà de ses jalons historiques, incorporant des traditions vibrantes, de la musique folklorique, de la danse et des costumes distinctifs. La pratique du chant polyphonique, reconnu par l'UNESCO comme patrimoine culturel immatériel, résonne avec la résilience et l'esprit du peuple albanais. Les danses traditionnelles, telles que le « valle » et le « kolo », sont des expressions vibrantes de fierté culturelle, exécutées lors des mariages, des célébrations et des festivals à travers le pays. Ces expressions artistiques constituent un lien vivant avec le passé, favorisant un sentiment de continuité et d'identité au sein du peuple albanais.

Climat et géographie

L'Albanie, joyau caché des Balkans, est un pays orné d'une tapisserie de paysages et de climats divers, créant une mosaïque enchanteresse pour le voyageur passionné. Bordée par le Monténégro au nord-ouest, le Kosovo au nord-est, la Macédoine du Nord à l'est et la Grèce au sud, la position géographique de l'Albanie témoigne de l'interaction de diverses cultures et influences au fil des siècles. Alors que l'on entreprend un voyage à travers cette terre pittoresque, le kaléidoscope des merveilles naturelles se dévoile.

Le nord de l'Albanie est orné par les imposantes Alpes albanaises, une chaîne de montagnes qui se dresse comme une sentinelle à l'horizon. Ces sommets majestueux, avec leur beauté sauvage et leurs paysages immaculés, offrent un refuge aux aventuriers en quête d'escapades de trekking et d'alpinisme. La beauté éthérée des Alpes est complétée par la riche biodiversité qui prospère dans ses prairies alpines, abritant une flore et une faune endémiques.

En s'aventurant vers le sud-ouest, l'attrait de la Riviera albanaise vous attire avec ses plages ensoleillées et ses eaux cristallines. Cette étendue côtière, baignée par la mer Ionienne, est un paradis pour ceux qui recherchent la détente au milieu de la beauté naturelle. Des criques isolées de Dhërmi et Jale aux plages animées de Ksamil, la Riviera offre un large éventail d'expériences côtières. La ville historique d'Himara, perchée sur les falaises, offre un mélange captivant de charme traditionnel et de vues à couper le souffle.

À l'intérieur des terres, l'Albanie dévoile une tapisserie de vallées et de lacs, chacun contribuant au caractère unique du pays. La vallée de Valbona, bercée par de hauts sommets, offre sérénité et porte d'entrée vers les Alpes albanaises. La rivière Shala, qui traverse des gorges rocheuses, ajoute un élément d'aventure au paysage. Nichés au milieu de ces vallées se trouvent des lacs tranquilles, notamment la beauté chatoyante du lac d'Ohrid, partagé avec la Macédoine du Nord. Ces trésors de l'intérieur des terres offrent des opportunités d'exploration tranquille, où les eaux émeraude reflètent la verdure environnante, créant un cadre idyllique pour la détente.

Le climat de l'Albanie est aussi diversifié que ses paysages, influencé à la fois par des facteurs méditerranéens et continentaux. Les régions côtières bénéficient d'un climat méditerranéen classique, caractérisé par des étés chauds et secs et des hivers doux et humides. La douce brise marine transporte le parfum des pins et des oliviers, créant une atmosphère rafraîchissante le long de la côte. Cette influence méditerranéenne s'étend jusqu'au sud du pays, où le climat est tempéré par la mer Ionienne, ce qui en fait un paradis pour les amateurs de soleil.

À l'opposé, l'intérieur connaît des conditions plus continentales. Le terrain montagneux contribue aux hivers froids, recouvrant les paysages d'une sereine couche de neige, tandis que les étés apportent de la chaleur et des journées ensoleillées. Des villes comme Shkodër et Gjirokastër, nichées à l'intérieur des terres, témoignent de la résilience de la vie dans un climat continental, avec des structures historiques témoins de siècles de changement.

La diversité géographique de l'Albanie en fait une destination ouverte toute l'année, chaque saison révélant une facette différente de sa beauté. Le printemps peint les paysages avec un éclat de couleurs alors que les fleurs sauvages fleurissent, tandis que l'automne orne les arbres de nuances de rouge et d'or. L'hiver transforme les Alpes en un paradis enneigé, invitant les amateurs de sports d'hiver à parcourir les pentes immaculées. L'été, avec ses longues journées ensoleillées, invite les amateurs de plage sur la Riviera et les explorateurs à la fraîcheur des sentiers de montagne.

Conseils de voyage essentiels et étiquette culturelle

Se lancer dans une aventure albanaise offre une opportunité unique de s'immerger dans une culture réputée pour sa chaleur et son hospitalité. Avant de mettre le pied sur cette terre captivante, il est essentiel de comprendre les nuances du voyage et l'étiquette culturelle pour vivre une expérience enrichissante. Le peuple albanais, connu pour sa véritable gentillesse, invite souvent des étrangers chez lui, créant ainsi un lien authentique et réconfortant entre les habitants et les visiteurs.

Dans le tissu social complexe de l'Albanie, le respect des aînés est profondément enraciné et représente une pierre angulaire culturelle. Une simple expression de gratitude, comme dire « faleminderit » (merci), a un poids important et est récompensée par des sourires et de la bonne volonté. Cette appréciation de la politesse s'étend au-delà des simples plaisanteries, constituant la base d'interactions significatives qui enrichissent l'expérience de voyage.

Lorsque l'on s'aventure dans les villes animées d'Albanie, en particulier dans la capitale animée, Tirana, il est conseillé d'adopter le rythme de vie local. L'atmosphère dynamique de la ville se savoure mieux dans ses cafés et ses boulevards, où se rassemblent les habitants et les touristes. Ces lieux constituent des endroits parfaits pour observer les gens, permettant aux visiteurs de s'imprégner de l'énergie et du rythme de la ville. Tirana, avec son mélange éclectique de monuments modernes et historiques, invite à l'exploration, du quartier animé de Blloku à la place historique Skanderbeg. S'engager dans le rythme local facilite non seulement une compréhension plus profonde de la ville, mais ouvre également les portes à des interactions spontanées avec les habitants sympathiques.

Contrairement à la vie urbaine trépidante, s'aventurer dans des contextes plus traditionnels, tels que Gjirokastër, un site classé au patrimoine mondial de l'UNESCO, appelle une approche différente de l'engagement culturel. Ici, le rythme est plus lent et la préservation des coutumes locales est primordiale. La politesse devient un aspect clé des interactions, créant un pont entre le passé et le présent. L'architecture ottomane bien préservée et les rues pavées de Gjirokastër racontent des histoires d'une époque révolue, et un véritable intérêt pour ces coutumes locales renforce l'expérience immersive. Les visiteurs qui déambulent dans les ruelles étroites peuvent tomber sur des cafés pittoresques, des musées historiques et des ateliers traditionnels, qui contribuent tous au charme authentique de la ville.

La navigation dans les transports en Albanie est facilitée par un réseau croissant de bus et de taxis, offrant à la fois commodité et prix abordable. Apprendre quelques phrases de base en albanais, la langue officielle, ajoute une couche d'appréciation culturelle et suscite souvent des réponses chaleureuses de la part des habitants. Même si l'anglais est largement compris dans les zones urbaines, faire un effort pour communiquer dans la langue locale favorise un sentiment de connexion et une appréciation des nuances culturelles.

L'Albanie, en tant que pays à majorité musulmane, observe des coutumes religieuses auxquelles les visiteurs doivent être attentifs pendant leur séjour. Le mois sacré du Ramadan, en particulier, revêt une importance particulière. Pendant cette période de jeûne du lever au coucher du soleil, il est conseillé aux visiteurs d'éviter de manger ou de boire dans les espaces publics pendant la journée. Cela démontre le respect des pratiques religieuses de la population locale et reflète une compréhension de la signification culturelle et spirituelle du Ramadan dans la société albanaise.

Chapitre 2

PLANIFIER VOTRE VOYAGE EN ALBANIE

Se lancer dans un voyage en Albanie exige une approche méticuleuse de la planification pour garantir une expérience fluide et agréable. Le succès de toute entreprise de voyage dépend de la compréhension et du respect des conditions d'entrée essentielles. Naviguer dans le paysage des visas est une première étape cruciale pour les voyageurs internationaux. L'Albanie, tout en accueillant des visiteurs de nombreux pays sans avoir besoin de visa pour de courts séjours, nécessite des recherches approfondies pour connaître les dernières politiques en matière de visa et les procédures d'entrée.

Les voyageurs doivent vérifier la validité de leur passeport, en s'assurant qu'il s'étend au moins six mois au-delà de la date de départ prévue. La connaissance des documents spécifiques requis, tels que la preuve d'hébergement et de vol de retour, est primordiale pour accélérer le processus de demande de visa. Cette section vise à donner aux voyageurs les informations nécessaires pour naviguer dans ces subtilités bureaucratiques, favorisant une transition en douceur de leur pays d'origine aux paysages captivants de l'Albanie.

Le moment optimal pour visiter l'Albanie est une autre facette critique explorée dans ce chapitre. La géographie diversifiée de l'Albanie contribue à la diversité des climats, ce qui fait que le moment du voyage est une considération cruciale. Le printemps et l'automne sont des moments privilégiés, offrant un temps doux et des paysages vibrants. Les paysages luxuriants et les températures modérées durant ces saisons créent un cadre idéal pour explorer les sites historiques, les sentiers de randonnée et les vues côtières. À l'inverse, les mois de pointe de l'été attirent les amateurs de soleil sur la Riviera albanaise, avec ses villes balnéaires animées et son atmosphère animée. Cette section donne un aperçu des avantages et des inconvénients de chaque saison, permettant aux voyageurs d'aligner leurs préférences sur les charmes distincts de l'Albanie à différentes périodes de l'année. En mettant en lumière ces nuances temporelles, ce chapitre permet aux voyageurs de prendre des décisions éclairées, garantissant ainsi qu'ils découvrent l'Albanie sous sa forme la plus séduisante et la plus confortable.

Exigences de visa et procédures d'entrée

Avant de vous lancer dans votre voyage en Albanie, une compréhension approfondie des exigences de visa et des procédures d'entrée du pays est cruciale pour un voyage agréable et sans tracas. Selon les dernières informations disponibles, l'Albanie a adopté une politique de visa qui permet aux citoyens de divers pays, notamment des pays de l'UE, des États-Unis, du Canada et d'autres, de bénéficier d'un accès sans visa pour de courts séjours. Cette approche accueillante témoigne de l'engagement de l'Albanie à favoriser le tourisme et les échanges culturels. Cependant, il est impératif que les voyageurs restent vigilants et informés de toute mise à jour ou modification des politiques en matière de visa, car la réglementation peut évoluer.

Pour les voyageurs qui ont besoin d'un visa, le processus de demande est généralement simple. L'Albanie a établi des ambassades et des consulats dans divers pays, facilitant ainsi l'accessibilité aux visiteurs potentiels. En outre, l'adoption d'options de visa électronique rationalise et accélère la procédure de demande. Les voyageurs cherchant un visa doivent s'assurer que leur passeport est valable au moins six mois après la date de départ prévue. Cette mesure de précaution est conforme aux normes de voyage internationales et garantit un processus d'entrée fluide.

Naviguer dans le processus de demande de visa nécessite une attention particulière aux détails. Les visiteurs potentiels doivent être prêts à fournir des pièces justificatives, notamment une preuve des modalités d'hébergement et des vols de retour confirmés. Ces documents constituent une preuve cruciale des intentions du voyageur et de sa capacité à respecter les conditions de visa stipulées. La preuve d'hébergement garantit que les visiteurs disposent d'un logement pendant leur séjour en Albanie, et la confirmation des vols de retour indique un engagement à respecter la durée de séjour prescrite. En fournissant ces documents, les demandeurs renforcent leur crédibilité et augmentent les chances de succès de leur demande de visa.

Comprendre les exigences spécifiques du type de visa requis est primordial. L'Albanie propose différentes catégories de visas, notamment les visas touristiques, d'affaires et de transit. Chaque catégorie est accompagnée de son propre ensemble de prérequis et de conditions. Les visas touristiques, par exemple, peuvent nécessiter un itinéraire, une preuve de moyens financiers et une assurance voyage. Les visas d'affaires peuvent nécessiter une lettre d'invitation d'une organisation hôte en Albanie. Une compréhension approfondie de ces exigences garantit que les candidats soumettent une documentation précise et complète, minimisant ainsi les risques de retards ou de complications dans le processus d'approbation du visa.

Le processus de candidature ne se limite pas à la paperasse ; cela implique souvent un entretien à l'ambassade ou au consulat concerné. Au cours de l'entretien, les candidats peuvent être interrogés sur le but de leur visite, leur itinéraire et d'autres détails pertinents. Une préparation adéquate à l'entretien, associée à une approche sincère et transparente, contribue de manière significative à un résultat positif.

Meilleur moment pour visiter l'Albanie

L'Albanie, avec sa topographie diversifiée, connaît un climat varié selon les régions, influençant le moment optimal pour une visite. Comprendre les nuances des conditions météorologiques de l'Albanie fait partie intégrante de la création d'une expérience de voyage enrichissante et confortable. L'influence méditerranéenne sur le climat du pays se manifeste par des saisons distinctes, chacune offrant un attrait unique aux visiteurs.

Les mois de printemps, d'avril à juin, et la période d'automne, de septembre à octobre, constituent le summum des périodes propices pour explorer l'Albanie. Au printemps, le paysage subit une transformation remarquable, passant des tons tamisés de l'hiver à un éclat de couleurs vibrantes. La campagne s'anime de fleurs épanouies, créant un décor pittoresque pour les explorations culturelles et les activités de plein air. Le temps pendant ces mois est doux, avec des températures allant d'agréablement fraîches à confortablement chaudes, favorisant un environnement idéal pour des promenades tranquilles dans les villes historiques, des randonnées dans les parcs nationaux et pour profiter de la beauté naturelle que l'Albanie a à offrir. L'absence de chaleur extrême permet une exploration plus confortable des diverses attractions disséminées à travers le pays.

De même, l'automne présente une tapisserie de teintes à mesure que le feuillage se transforme en nuances de rouge, d'orange et d'or. Les températures restent douces, offrant un excellent climat pour les explorations côtières et intérieures. La mer est encore suffisamment chaude pour ceux qui recherchent une expérience de plage, tandis que les températures plus fraîches à l'intérieur des terres créent une atmosphère invitante pour la randonnée et le tourisme. Le charme de l'automne réside dans la tranquillité qu'il apporte aux paysages, avec moins de touristes par rapport aux mois d'été très animés. Cela permet aux visiteurs de s'immerger plus intimement dans le riche patrimoine culturel de l'Albanie, favorisant ainsi un lien plus profond avec les communautés locales et les sites historiques.

Alors que les saisons du printemps et de l'automne offrent un cadre serein et esthétique pour l'exploration, les mois d'été de juillet à août marquent la haute saison touristique en Albanie. Cette période est synonyme de scènes de plage animées le long de la célèbre Riviera albanaise. L'attrait des eaux cristallines et des plages ensoleillées attire une multitude de visiteurs en quête d'évasion côtière. Les villes côtières s'animent de festivités, de fêtes sur la plage et d'une atmosphère animée. Les températures chaudes de la mer en font une période idéale pour les activités nautiques, notamment la plongée en apnée, la plongée sous-marine et les excursions en bateau le long du littoral pittoresque. Cependant, il est impératif pour les voyageurs de noter que la popularité de la saison estivale s'accompagne de son propre ensemble de considérations.

L'afflux de touristes peut entraîner des attractions bondées, des plages très fréquentées et une demande accrue d'hébergement, ce qui pourrait entraîner une hausse des prix. Naviguer dans la foule estivale nécessite une planification stratégique, comme réserver un hébergement à l'avance et explorer des joyaux moins connus pour échapper aux centres touristiques animés.

A l'inverse, l'hiver en Albanie, qui s'étend de décembre à février, offre un charme unique, notamment pour ceux qui sont enchantés par les montagnes enneigées et les sports d'hiver. Les régions du nord, y compris les Alpes albanaises, se transforment en un paradis hivernal, attirant les amateurs de neige et les amateurs d'aventure. Les paysages montagneux offrent un cadre idyllique pour des activités comme le ski, le snowboard et la randonnée hivernale. Même si les zones côtières connaissent des températures plus douces que celles du nord montagneux, l'hiver reste une période captivante pour explorer les sites historiques et les paysages urbains sans les foules estivales. L'hiver en Albanie offre une perspective différente, révélant un côté plus calme et plus introspectif du pays. L'air pur, combiné aux chutes de neige occasionnelles, crée une ambiance sereine, ce qui en fait un moment idéal pour ceux qui apprécient une expérience de voyage plus contemplative et moins agitée.

Conseils en matière de budgétisation et de change

L'Albanie, réputée pour son prix abordable, invite les voyageurs à se livrer à une exploration économique. Une budgétisation efficace reste la pierre angulaire pour garantir un voyage fluide et financièrement conscient. La monnaie locale, le lek albanais (ALL), constitue la toile de fond financière de cette expérience de voyage. Bien que les grandes villes et les pôles touristiques acceptent souvent les cartes de crédit, il est prudent d'avoir sur soi de l'argent liquide, en particulier lorsque l'on s'aventure dans les zones les plus reculées et rurales où les transactions électroniques peuvent être limitées.

L'hébergement et la restauration, deux éléments essentiels de tout budget de voyage, sont agréablement raisonnables en Albanie. Le pays dispose d'une gamme variée d'options d'hébergement, des maisons d'hôtes pittoresques aux hôtels modernes, répondant à diverses préférences et budgets. Les expériences culinaires offrent un excellent rapport qualité-prix, permettant aux voyageurs de savourer une authentique cuisine albanaise sans se ruiner. Les marchés alimentaires de rue locaux, ornés d'une riche gamme de saveurs et d'arômes, contribuent non seulement à une immersion culturelle, mais offrent également l'occasion d'étirer davantage votre budget. S'engager avec les habitants de ces paradis culinaires ajoute une couche d'authenticité à l'expérience de voyage tout en étant doux pour le budget.

Les transports publics apparaissent comme une solution rentable pour parcourir les paysages pittoresques de l'Albanie. Les bus et les furgons, mini-fourgonnettes partagées, offrent des options fiables et abordables pour se déplacer à travers le pays. Naviguer à travers les charmantes villes, les sites historiques et les merveilles naturelles devient non seulement un voyage mais une aventure en soi. Cette section guide les voyageurs dans l'optimisation de leur budget de transport, en leur offrant un aperçu des systèmes de transport en commun locaux, des horaires et des conseils pratiques pour un voyage confortable.

Le change, un aspect crucial de la planification financière, est démystifié dans ce chapitre. Les voyageurs peuvent échanger des devises dans les banques, les bureaux de change ou les distributeurs automatiques idéalement situés. Cependant, ce processus comporte des nuances qu'il ne faut pas négliger. La comparaison des tarifs et des frais garantit que vous obtenez le meilleur rapport qualité-prix. La disponibilité de distributeurs automatiques de billets est répandue dans les zones urbaines, offrant un accès pratique aux espèces. Néanmoins, il est conseillé d'emporter une somme raisonnable en espèces lorsque vous explorez des régions éloignées, où l'accès aux transactions électroniques peut être rare.

Chapitre 3

EXPLORER LA CUISINE ALBANIENNE

La cuisine albanaise témoigne de la riche histoire et de la fusion culturelle de la nation. La diversité des saveurs tissées dans les plats albanais est le résultat direct de la situation stratégique du pays, au carrefour de la Méditerranée, des Balkans et de l'Empire ottoman. Ce mélange culinaire unique présente une fusion harmonieuse d'influences, chacune contribuant à la création de plats emblématiques qui font désormais partie intégrante de l'identité gastronomique albanaise. Le contexte historique intégré à la cuisine permet aux voyageurs de goûter à l'héritage de différentes civilisations, des anciens Illyriens aux dirigeants ottomans, laissant une empreinte savoureuse sur le paysage culinaire. Explorer la cuisine albanaise n'est donc pas seulement une question de savourer de délicieux repas, mais aussi un voyage dans le temps, dénouant les fils qui tissent ensemble le tissu complexe du patrimoine culturel du pays.

Embarquer pour ce voyage gastronomique ouvre une fenêtre sur l'âme de l'Albanie, invitant les voyageurs à savourer les subtilités de la vie locale à travers ses plats divers et délicieux. Les trésors culinaires à explorer vont des ragoûts copieux et des viandes grillées aux pâtisseries délicates et aux confiseries sucrées. Chaque bouchée porte l'essence de la terre, avec des ingrédients d'origine locale rehaussant l'authenticité de chaque plat. Des rives de la mer Adriatique aux montagnes escarpées et aux vallées fertiles, l'offre culinaire albanaise reflète la diversité géographique du pays lui-même. Ce chapitre sert de guide appétissant, encourageant les voyageurs à se lancer dans l'aventure culinaire qui les attend, promettant non seulement un délice sensoriel mais aussi une compréhension plus profonde de la mosaïque culturelle albanaise à travers le prisme de sa délicieuse cuisine.

Délices culinaires : plats traditionnels albanais

La cuisine albanaise se déroule comme une symphonie culinaire, harmonisant diverses influences de la Méditerranée, des Balkans et de l'Empire ottoman. Cette fusion donne naissance à une gamme exceptionnelle et savoureuse de plats qui captivent les sens et racontent la riche histoire du pays. À l'avant-garde de ce voyage gastronomique se trouve l'emblématique Tavë Kosi, une délicieuse cocotte d'agneau au four et de yaourt. Ce plat résume l'essence de la cuisine albanaise : une célébration de la simplicité et de l'ingéniosité. L'agneau tendre, recouvert de riz parfumé et enveloppé d'une couche veloutée de yaourt, crée une sensation de richesse et de tendresse. Tavë Kosi illustre l'art de combiner des ingrédients humbles pour produire une expérience culinaire extraordinaire, offrant aux voyageurs un avant-goût des prouesses culturelles qui définissent la cuisine albanaise.

En s'aventurant plus loin au cœur des traditions culinaires albanaises, on rencontre le Fërgesë copieux et savoureux. Ce ragoût, une symphonie de poivrons, de tomates et de viandes diverses, met en valeur l'abondance de la générosité agricole de l'Albanie. La combinaison de produits locaux et de viandes bien assaisonnées donne un plat qui reflète l'engagement du pays en faveur de la fraîcheur et de la durabilité. En plongeant dans les profondeurs réconfortantes de Fërgesë, les saveurs et les textures vibrantes créent une mosaïque culinaire, incarnant la philosophie de la ferme à la table profondément enracinée dans les pratiques culinaires albanaises. Des paysages verdoyants aux cuisines rustiques, Fërgesë incarne l'essence de l'hospitalité albanaise et l'étreinte chaleureuse de son héritage culinaire.

Pour ceux qui aiment les fruits de mer, les offres côtières de l'Albanie sont une véritable révélation. La truite grillée provenant des eaux cristallines du lac d'Ohrid témoigne de l'engagement du pays à préserver la pureté de ses ressources naturelles. Le plat présente un équilibre délicat entre fumée et tendresse, élevant l'humble truite au rang de chef-d'œuvre culinaire. Tout aussi alléchants sont les poivrons farcis fourrés aux fruits de mer, un délicieux mariage de saveurs de la terre et de la mer. Les notes sucrées et succulentes des fruits de mer combinées à la robustesse des poivrons créent un plat qui capture l'essence de la vie côtière albanaise. En savourant ces délices de la mer, les voyageurs s'adonnent non seulement aux plaisirs gastronomiques, mais participent également à l'éthique durable qui définit la cuisine albanaise : un engagement à préserver la richesse de la terre et de la mer pour les générations à venir.

Pour ceux qui recherchent une expérience charnue plus substantielle, Qofte apparaît comme une sensation culinaire. Ces boulettes de viande assaisonnées, savamment épicées et grillées à la perfection, offrent un avant-goût de l'histoire d'amour de l'Albanie avec des délices salés. Qofte incarne l'art de mélanger les épices et les herbes, créant une symphonie de saveurs qui résonne à chaque bouchée. Accompagné d'une salade fraîche ou servi dans un petit pain croustillant, Qofte est une expression culinaire de joie et de festin communautaire, un incontournable dans les foyers albanais et un incontournable pour tout visiteur.

Un autre délice carnivore est le Pite, une pâtisserie feuilletée remplie de viande ou de fromage. Ce plat met non seulement en valeur la maîtrise des boulangers albanais, mais met également en valeur l'influence de l'héritage culinaire ottoman. Les couches feuilletées enveloppant une garniture savoureuse créent un chef-d'œuvre texturé qui ravit le palais. La polyvalence de Pite se reflète dans la variété des garnitures, offrant une expérience différente à chaque bouchée. Qu'il soit apprécié comme collation de rue ou comme pièce maîtresse lors de réunions de famille, Pite incarne le côté savoureux de la créativité culinaire albanaise.

Au royaume des friandises albanaises, le Baklava est une étoile brillante. Cette pâtisserie feuilletée, remplie d'un généreux mélange de noix et de miel, reflète les influences ottomanes enracinées dans la cuisine albanaise. Chaque couche délicate de pâte phyllo, imbibée de miel sucré et ornée de noix croquantes, crée une symphonie de textures et de saveurs. Le Baklava n'est pas seulement un dessert ; c'est un hommage à des échanges culinaires vieux de plusieurs siècles, montrant comment les influences historiques continuent de façonner et d'enrichir la gastronomie albanaise.

Le Baklava est complété par Petulla, une pâte frite qui offre une conclusion sucrée à tout repas albanais. Dégusté avec du sucre en poudre ou du miel, Petulla offre un délicieux contraste avec les plats principaux savoureux. La simplicité de cette friandise souligne l'idée selon laquelle parfois les ingrédients les plus humbles et les plus simples peuvent créer les expériences culinaires les plus satisfaisantes. Petulla, avec son extérieur doré et son intérieur moelleux, incarne l'art de transformer des éléments de base en un doux chef-d'œuvre, laissant une impression durable à ceux qui ont la chance de savourer sa délicieuse simplicité.

Marchés locaux et aventures culinaires de rue

Pour véritablement saisir l'essence de la culture culinaire albanaise, il faut se lancer dans une exploration sensorielle riche des marchés locaux disséminés à travers le pays. Ces pôles d'activité animés ne sont pas seulement des lieux où se procurer des ingrédients ; ce sont des expressions vibrantes de la communauté, de l'histoire et de la riche générosité agricole qui définit les terres fertiles de l'Albanie. Le Grand Bazar de Tirana et le Vieux Bazar de Gjirokastër en sont de parfaits exemples, chacun étant un kaléidoscope de couleurs, de parfums et de sons qui invitent les voyageurs au cœur de la gastronomie albanaise.

En entrant dans ces marchés, un festin sensoriel se déroule. Les étals vibrants regorgent d'une gamme de produits frais – des tomates charnues et des concombres croquants aux herbes aromatiques et épices exotiques. Les agriculteurs albanais, qui s'occupent fièrement de leurs étals, partagent avec enthousiasme des histoires sur l'origine et les techniques de culture de leurs produits. S'engager avec ces vendeurs locaux devient un échange culturel, fournissant non seulement des ingrédients mais aussi des récits qui approfondissent l'appréciation de la tapisserie culinaire.

Au milieu des marchés animés, l'arôme du pain fraîchement sorti du four et la vue des fromages artisanaux ajoutent à la symphonie sensorielle. Les marchés albanais célèbrent la diversité, proposant non seulement des fruits et légumes cultivés localement, mais également une gamme de produits laitiers, de charcuterie et de condiments traditionnels. C'est l'occasion pour les voyageurs non seulement d'être témoins de l'abondance de l'agriculture albanaise, mais également de participer aux échanges animés qui ont lieu entre les habitants et les visiteurs.

Se lancer dans une aventure culinaire de rue en Albanie est un rite de passage pour tout explorateur culinaire. Les ruelles étroites et les rues animées, remplies du grésillement des grillades et des senteurs alléchantes des plats variés, offrent un aperçu authentique de la vie quotidienne. La nourriture de rue en Albanie n'est pas simplement un moyen de subsistance ; c'est une partie intégrante du tissu social, où les habitants se réunissent pour partager des repas, des histoires et des rires.

On ne peut pas se plonger pleinement dans la cuisine de rue albanaise sans s'adonner au Byrek, une pâtisserie savoureuse qui résume l'essence de l'artisanat culinaire du pays. Rempli d'un délicieux mélange de fromage ou de viande, ce délice feuilleté reflète l'influence ottomane sur la cuisine albanaise et est un incontournable des marchés et des coins de rue. La maîtrise de la préparation du Byrek s'est transmise de génération en génération, créant un héritage culinaire qui transcende le temps.

Pour ceux qui ont un penchant pour les délices salés, Qebapa est une révélation de la cuisine de rue. Ces saucisses de viande hachée grillées, souvent servies avec du pain plat et des légumes frais, mettent en valeur la simplicité et les saveurs audacieuses qui caractérisent la cuisine de rue albanaise. Les grillades grésillantes, tenues par des vendeurs qualifiés, attirent les passants avec l'arôme irrésistible des viandes bien assaisonnées, faisant de Qebapa un incontournable pour ceux qui recherchent un goût authentique de la cuisine de rue albanaise.

Dans le domaine de la street food réconfortante, Kumpir s'impose comme une délicieuse surprise. Une pomme de terre farcie au four devient une toile pour une myriade de garnitures, allant des fromages et viandes aux herbes fraîches et sauces piquantes. C'est un régal personnalisable qui reflète la créativité et l'adaptabilité ancrées dans les traditions culinaires albanaises. Pendant que les voyageurs savourent leur Kumpir, ils profitent non seulement d'un plat chaleureux et satisfaisant, mais participent également à une expérience commune partagée par les habitants.

Un autre joyau de la cuisine de rue est le Langosi, une pâte frite qui capture l'essence de la simplicité et de la satisfaction. Souvent servi avec diverses garnitures telles que de l'ail, du fromage ou de la confiture, le Langosi illustre la polyvalence de la cuisine de rue albanaise. La pâte, parfaitement croustillante à l'extérieur et moelleuse à l'intérieur, incarne l'équilibre des textures et des saveurs qui caractérise de nombreux plats traditionnels albanais.

Au-delà des saveurs délicieuses, l'exploration de la scène culinaire de rue en Albanie offre une profonde immersion culturelle. Les bruits des vendeurs criant leurs offres, les rires des habitants partageant un repas et le plaisir partagé des délices culinaires contribuent tous à une expérience authentique de la vie quotidienne albanaise. C'est l'occasion de renouer avec le rythme cardiaque du pays, où les traditions, les histoires et les saveurs convergent dans les rues animées et les ruelles cachées.

Étiquette à manger et restaurants incontournables

La cuisine albanaise est une expérience immersive qui transcende la simple consommation de nourriture ; c'est une célébration de l'hospitalité chaleureuse et des subtilités culturelles. Cette section dévoile les différentes couches de l'étiquette culinaire albanaise, donnant un aperçu des coutumes qui définissent l'expérience culinaire. Ancrée dans un sens profond de l'hospitalité, la tradition d'apporter un petit cadeau en entrant chez quelqu'un est un symbole de gratitude pour la générosité de l'hôte. L'incarnation de ce sentiment est résumée dans le dicton familier en Albanie : « Mi casa es su casa » ou « Ma maison est ta maison », soulignant l'ouverture et l'inclusivité qui imprègnent la culture albanaise.

Lorsqu'il s'agit de dîner au restaurant, les visiteurs doivent se préparer à une aventure culinaire marquée par des portions copieuses et une concentration inébranlable sur les ingrédients frais et locaux. La cuisine albanaise est fière de mettre en valeur les richesses de sa terre et de sa mer, créant une véritable expérience de la ferme à la table. L'utilisation de produits de saison ajoute du dynamisme aux plats, assurant une explosion de saveurs à chaque bouchée. On ne peut pas pleinement apprécier la cuisine albanaise sans rencontrer le Raki, un alcool traditionnel albanais qui accompagne souvent les repas. Cette boisson alcoolisée distillée, à base de fruits fermentés, est profondément liée à la culture albanaise, améliorant l'expérience culinaire globale et offrant un avant-goût des traditions animées du pays.

Les Albanais abordent le dîner avec un état d'esprit détendu et sans hâte, soulignant l'importance de savourer chaque instant. Prendre son temps pendant les repas n'est pas seulement une question de courtoisie culinaire mais le reflet des valeurs culturelles plus larges du pays. Les Albanais sont fiers de l'aspect communautaire du repas, favorisant un sentiment de camaraderie et de connexion autour de la table à manger. C'est le moment de partager des histoires, de nouer des relations et d'apprécier les joies simples de la bonne nourriture en bonne compagnie. Les visiteurs sont encouragés à adopter cette approche sans hâte, en se permettant d'être pleinement présents dans l'instant présent et en savourant les saveurs que chaque plat a à offrir.

Pour ceux qui recherchent une expérience culinaire élevée, l'Albanie propose une sélection de restaurants incontournables qui illustrent les prouesses culinaires du pays. Dans la capitale, Tirana, Oda s'impose comme l'un des favoris des habitants et des touristes. Réputé pour son ambiance élégante et son menu varié, Oda capture l'essence de l'hospitalité albanaise tout en proposant un voyage gastronomique à travers les traditions culinaires du pays. Mullixhiu, niché au cœur de Tirana, porte le concept de la ferme à la table vers de nouveaux sommets, en mettant l'accent sur la durabilité et la qualité. S'engageant à mettre en valeur les meilleurs produits albanais, ce restaurant offre non seulement une expérience culinaire mémorable, mais contribue également à la promotion de l'agriculture locale.

S'aventurer dans la ville historique de Gjirokastër dévoile la Taverna Vasili, un joyau rustique qui respire le charme et l'authenticité. Ce restaurant est un paradis pour ceux qui souhaitent découvrir les spécialités régionales dans un cadre traditionnel. Le menu reflète le patrimoine culturel de la ville, avec des plats transmis de génération en génération. Pour les amateurs de fruits de mer attirés par le charme de la Riviera albanaise, Çobo Winery constitue un sanctuaire culinaire. Surplombant les eaux azurées, cet établissement offre une expérience culinaire sans précédent avec des pêches fraîches accompagnées harmonieusement de vins locaux. Çobo Winery satisfait non seulement le palais, mais offre également un décor pittoresque qui améliore le plaisir général du repas.

Chapitre 4

VILLES ET VILLES À VISITER

L'Albanie, nichée au cœur des Balkans, dévoile son récit captivant à travers une riche tapisserie d'histoire et de paysages diversifiés. Ce petit pays enchanteur a été un carrefour de civilisations, laissant derrière lui un héritage qui se manifeste dans ses ruines antiques, ses châteaux médiévaux et ses traditions culturelles vibrantes. La juxtaposition des Alpes albanaises accidentées, des plages immaculées le long des mers Adriatique et Ionienne et des vallées luxuriantes crée une toile de fond époustouflante pour l'exploration. Des vestiges des civilisations illyrienne et romaine à l'influence de l'Empire ottoman, les couches historiques de l'Albanie sont pleinement exposées. Alors que les voyageurs embarquent dans leur voyage, ils sont accueillis dans un monde où le passé se mêle harmonieusement au présent, offrant une expérience immersive dans le patrimoine unique de ce joyau des Balkans.

Dans ce chapitre, les projecteurs sont braqués sur trois destinations incontournables, chacune servant de porte d'entrée pour comprendre l'identité multiforme de l'Albanie. Tirana, la capitale dynamique, vibre de l'énergie d'une ville qui a évolué à travers l'histoire communiste pour devenir une métropole moderne. Gjirokastër, avec son architecture ottomane bien préservée, transporte les visiteurs dans le temps, révélant l'héritage durable d'une époque révolue. Shkodër, entouré d'histoire et de paysages pittoresques, invite à l'exploration de son ancien château, de sa scène artistique dynamique et de l'étendue tranquille du lac Shkodër. Ensemble, ces destinations illustrent l'engagement de l'Albanie à préserver son patrimoine culturel, à mettre en valeur ses merveilles architecturales et à offrir une toile d'une beauté naturelle à couper le souffle – une invitation aux voyageurs à se plonger dans le riche récit qu'est l'Albanie.

Tirana : extravagance dans la capitale

Tirana, le cœur vibrant de l'Albanie, vibre d'un mélange d'histoire, de résilience et de modernité, créant une tapisserie irrésistible pour les voyageurs. Alors que l'on se lance dans l'exploration de Tirana, le voyage commence sur l'emblématique place Skanderbeg. Cette place animée, nommée d'après le héros national Gjergj Kastrioti Skanderbeg, constitue le cœur de la ville et est entourée de monuments qui racontent le passé complexe de l'Albanie. Le Musée historique national, une merveille architecturale en soi, dévoile les chapitres de l'histoire de la nation, offrant une compréhension globale de ses luttes et de ses triomphes. À côté du musée se trouve la mosquée Et'hem Bey, symbole de tolérance religieuse et témoignage de la diversité culturelle de Tirana.

En se promenant dans les rues de la ville, on est embrassé par une atmosphère animée peinte de bâtiments colorés ornés de street art vibrant. Le paysage urbain de Tirana, toile de créativité, reflète la résilience de ses habitants et leur capacité à transformer les cicatrices du passé en expressions vibrantes du présent. Au milieu de ce décor artistique se trouve le musée Bunk'Art, une exploration unique de l'ère communiste albanaise. Installé dans un immense bunker, ce musée invite les visiteurs à plonger dans les profondeurs de l'histoire tumultueuse du pays, offrant un aperçu poignant des défis rencontrés sous le régime communiste. Les murs froids en béton résonnent avec les échos du passé, rappelant avec force le voyage de l'Albanie vers la liberté et le progrès.

Pour un véritable aperçu de la vie locale, une visite au marché Pazari i Ri s'impose. Ce marché animé, un délice sensoriel, plonge les visiteurs dans la tapisserie vibrante de la culture albanaise. Les stands regorgent de produits frais, de spécialités locales et d'artisanat artisanal, offrant un régal pour les sens. Les arômes de la cuisine albanaise traditionnelle flottent dans l'air, incitant les passants à se livrer aux délices culinaires qui définissent la région. Des plats locaux copieux aux gourmandises sucrées, le marché est une aventure gastronomique, permettant aux voyageurs de savourer les saveurs authentiques qui caractérisent la cuisine albanaise.

Au coucher du soleil, Tirana se transforme en une ville qui ne dort jamais, avec sa vie nocturne animée invitant les visiteurs à participer à l'énergie vive. L'un des points focaux est Blloku, autrefois un quartier exclusif réservé aux élites communistes et aujourd'hui un quartier branché synonyme de vie nocturne animée. Ici, des cafés, bars et clubs modernes bordent les rues, offrant une gamme variée d'expériences. Les échos du passé se mêlent aux rythmes de la musique contemporaine tandis que les performances live remplissent l'air. Les habitants et les visiteurs se rassemblent pour se délecter de l'atmosphère éclectique, partager des histoires et tisser des liens au milieu des lumières vibrantes de la ville.

Gjirokastra : un aperçu de l'architecture ottomane

Gjirokastër, niché au milieu des montagnes de Gjerë dans le sud de l'Albanie, apparaît comme un voyage captivant dans le passé, offrant un témoignage vivant de la gloire de l'architecture ottomane. Classée au patrimoine mondial de l'UNESCO, cette ville a méticuleusement préservé ses joyaux historiques, permettant aux visiteurs de parcourir les rues pavées et de se plonger dans une époque révolue. Au cœur de ce voyage culturel se trouve le château de Gjirokastër, une formidable forteresse perchée sur une colline qui offre non seulement des vues panoramiques mais sert également de gardien symbolique de l'histoire de la ville.

La silhouette imposante du château de Gjirokastër ouvre la voie à l'exploration, offrant un voyage à travers des siècles d'héritage albanais. Depuis son point de vue stratégique, les visiteurs peuvent contempler les toits de tuiles rouges de la ville, chacun faisant écho à l'héritage architectural de l'Empire ottoman. Le château lui-même, avec ses fortifications bien conservées et ses chambres anciennes, invite les promeneurs à parcourir ses couloirs médiévaux, où les échos des batailles passées et les murmures de l'histoire imprègnent l'air.

En descendant du château, se dévoilent les ruelles labyrinthiques du vieux bazar, un dédale de rues pavées qui serpentent à travers de charmantes maisons en pierre et des ateliers traditionnels. L'ensemble architectural présente les caractéristiques distinctes du design ottoman, avec des balcons en bois finement sculptés, des portes ornées et des façades en pierre intemporelles. Le vieux bazar, témoignage du patrimoine économique et culturel de Gjirokastër, offre une expérience immersive dans la vie quotidienne d'une époque révolue.

S'aventurant plus profondément dans le tissu historique de Gjirokastër, le musée ethnographique vous accueille depuis le lieu de naissance d'Enver Hoxha, offrant un aperçu de l'évolution culturelle de la région. Hoxha, figure clé de l'histoire de l'Albanie au XXe siècle, est née dans cette même maison. Les expositions du musée, allant des vêtements traditionnels et articles ménagers à l'artisanat, racontent l'histoire du peuple de Gjirokastër. Les artefacts rendent hommage à la résilience d'une communauté qui a résisté aux changements politiques et culturels tout en préservant son identité unique.

Alors que les voyageurs se promènent dans les quartiers historiques, un élément distinctif attire le regard : les toits en pierre uniques qui définissent l'identité architecturale de Gjirokastër. Ces structures monumentales, construites sans mortier, reflètent l'ingéniosité de l'artisanat ottoman. Les toits de pierre, connus localement sous le nom de «çatia», servaient non seulement de protection contre les éléments, mais ajoutaient également au charme esthétique de la ville. Chaque pierre, soigneusement posée par des mains expertes, témoigne du savoir-faire durable des générations passées.

Pour les amateurs de littérature, Gjirokastër dévoile une couche supplémentaire de richesse culturelle dans la ville natale du célèbre auteur albanais Ismail Kadare. En entrant dans le monde de Kadare, les visiteurs peuvent explorer la maison où le lauréat du prix Nobel a passé ses années de formation. Les chambres résonnent avec les échos créatifs d'un géant littéraire et les environs donnent un aperçu de l'inspiration qui se cache derrière les œuvres acclamées de Kadare. Une visite dans ce paradis littéraire devient un pèlerinage pour ceux qui cherchent à se connecter avec le profond héritage littéraire incrusté dans les pierres de Gjirokastër.

Shkodër : une histoire riche et des paysages époustouflants

Nichée sur les rives du lac Shkodër, la ville de Shkodër témoigne de la riche histoire de l'Albanie et de sa beauté naturelle à couper le souffle. En tant que l'une des villes les plus anciennes et les plus importantes historiquement de la région, Shkodër offre un mélange captivant de patrimoine culturel et de paysages pittoresques. Le voyage à travers Shkodër commence par une visite de l'emblématique château de Rozafa, stratégiquement perché sur une colline surplombant la ville et le vaste lac. Cette forteresse médiévale offre non seulement une vue panoramique sur les environs, mais porte également en elle une légende mythique qui ajoute une touche de mystique à sa signification historique. Les légendes racontent les sacrifices consentis lors de la construction du château, mêlant l'histoire de la ville au folklore, créant une atmosphère d'enchantement pour ceux qui explorent ses anciennes murailles.

En approfondissant la tapisserie historique de Shkodër, le Musée national de la photographie de Marubi témoigne de l'engagement de la ville à préserver son héritage culturel. Les passionnés de photographie ont droit à un voyage visuel à travers le temps, témoin de l'évolution de la photographie albanaise. Le musée, fondé en 1957, abrite une vaste collection de photographies s'étalant sur plus d'un siècle, capturant des moments qui reflètent l'histoire, les traditions et les changements sociétaux de la nation. En flânant dans le centre historique de Shkodër, on est plongé dans les merveilles architecturales qui témoignent des diverses influences de la ville. Les styles ottoman, vénitien et médiéval convergent dans un mélange harmonieux, créant un paysage urbain unique qui reflète l'histoire dynamique de Shkodër.

Le lac Shkodër, l'un des plus grands lacs d'Europe, devient un paradis pour les amoureux de la nature en quête de sérénité au milieu de paysages à couper le souffle. Les eaux cristallines du lac reflètent les montagnes environnantes, créant un décor fascinant. Une promenade en bateau sur le lac est une expérience incontournable, permettant aux visiteurs de découvrir ses îles, chacune avec son charme et sa biodiversité. Les îles abritent une flore et une faune diversifiées, offrant un sanctuaire aux ornithologues amateurs et aux passionnés de la faune. La beauté éthérée du lac Shkodër invite à des moments de tranquillité et de réflexion, offrant une évasion paisible de la vie trépidante de la ville.

Adjacent au lac, le delta de la rivière Buna ajoute une autre dimension à l'attrait naturel de Shkodër. Ce vaste écosystème de zones humides est un sanctuaire pour les oiseaux migrateurs et un habitat pour de nombreuses espèces. Les amoureux de la nature pourront explorer les méandres des cours d'eau du delta, témoins de la coexistence harmonieuse de la vie aquatique et de la végétation luxuriante. Le delta offre une évasion sereine dans la nature, offrant des possibilités d'observation des oiseaux, de photographie et un lien plus profond avec les divers écosystèmes de l'Albanie.

Le dynamisme culturel de Shkodër s'étend au-delà de ses sites historiques et de ses merveilles naturelles jusqu'à sa scène artistique contemporaine. Les théâtres et galeries de la ville présentent une fusion dynamique de tradition et de modernité. Assistez à une représentation au théâtre Migjeni ou explorez les expositions de la Shkodër City Gallery, où des artistes locaux et internationaux convergent pour exprimer leur créativité. S'engager avec la communauté artistique de Shkodër offre aux voyageurs une expérience directe du paysage culturel en évolution de la ville, où les racines anciennes rencontrent les expressions contemporaines.

Chapitre 5

MERVEILLES NATURELLES ET ACTIVITÉS DE PLEIN AIR

L'abondance de merveilles naturelles et d'activités de plein air en Albanie témoigne de la diversité et de la pureté des paysages du pays. Le charme de la Riviera albanaise, qui s'étend le long de la mer Ionienne, captive l'imagination des voyageurs à la recherche du mélange parfait de soleil, de mer et de sérénité. Avec ses plages immaculées et ses eaux cristallines, la Riviera dévoile un havre côtier propice à la détente et à l'exploration. Des criques cachées de Ksamil au charme historique d'Himara, chaque ville côtière de la Riviera offre une expérience unique. Les visiteurs peuvent se prélasser au soleil sur les plages de sable blanc, explorer les ruines antiques surplombant la mer et s'adonner à la culture locale dynamique. La Riviera albanaise n'est pas simplement une destination ; c'est un voyage captivant qui allie beauté naturelle et richesse culturelle, ce qui en fait une visite incontournable pour ceux qui ont un penchant pour le charme côtier.

Alors que je m'aventure au-delà du littoral, le chapitre dévoile la splendeur des parcs nationaux luxuriants et des sentiers de randonnée vivifiants de l'Albanie. Les Montagnes Maudites, fièrement dressées au nord, attirent les aventuriers avec leurs sommets escarpés et leur beauté sauvage. Le parc national de Theth, niché au cœur de ces montagnes majestueuses, présente aux voyageurs l'envoûtant Blue Eye, une source naturelle entourée d'une verdure dense, mettant en valeur l'équilibre délicat entre nature et culture. En se déplaçant vers le sud, le col de Llogara dans les montagnes Ceraunian offre des vues panoramiques à couper le souffle sur la Riviera albanaise, présentant un contraste saisissant avec l'intérieur montagneux. Le parc national de Valbona Valley, un joyau du nord, invite les randonneurs à explorer des paysages alpins immaculés et à emprunter des sentiers menant à la nature sauvage et préservée des Alpes albanaises. Cette exploration des parcs nationaux et des sentiers de randonnée ouvre la voie à un lien plus profond avec les merveilles naturelles de l'Albanie, offrant un mélange harmonieux d'aventure et de tranquillité à ceux qui osent sortir des sentiers battus.

La Riviera albanaise : plages immaculées et charme côtier

S'étendant comme un collier captivant le long des eaux azur de la mer Ionienne, la Riviera albanaise se présente comme un joyau côtier, attirant les amateurs de soleil et de nature sur ses rivages immaculés. Cette partie enchanteresse du littoral témoigne de la beauté intacte de l'Albanie, offrant un havre de paix où détente et splendeur naturelle cohabitent harmonieusement. L'attrait commence avec le sable doré et les eaux cristallines qui définissent les plages de la Riviera, créant une évasion tranquille pour ceux qui recherchent le charme côtier.

Parmi les joyaux de la Riviera, Ksamil apparaît comme une pépite rayonnante. Nichée à l'extrémité sud, Ksamil possède des plages de sable blanc qui répondent au doux clapotis des vagues ioniennes. Au-delà du littoral captivant, l'attrait s'intensifie avec les îles voisines accessibles par bateau, chacune promettant un paradis isolé pour ceux qui recherchent un lien plus intime avec la nature. Le paysage pittoresque de Ksamil transforme les bains de soleil en une expérience immersive, où les murmures de la mer et la chaleur du soleil créent un sanctuaire côtier idyllique.

En s'aventurant vers le nord le long de la Riviera, la ville côtière d'Himara apparaît comme un mélange captivant d'histoire et de paysages à couper le souffle. Les plages d'Himara, baignées par le soleil de la Méditerranée, sont ornées de vestiges historiques qui font écho aux récits des civilisations anciennes. Les ruines surplombant la mer offrent un aperçu du riche passé de la région, créant une juxtaposition unique d'immersion culturelle dans la tranquillité du bord de mer. Himara n'est pas simplement une escapade côtière ; c'est un voyage dans le temps, où les échos du passé résonnent avec la beauté naturelle qui enveloppe ce havre côtier.

Alors que l'exploration de la Riviera se poursuit, le chemin mène au village pittoresque de Dhërmi, un joyau caché niché entre les montagnes imposantes et l'étreinte apaisante de la mer. Les plages de Dhërmi sont connues pour leur charme isolé, offrant une destination idéale pour ceux qui aspirent à une escapade côtière paisible. Le doux bruissement des oliviers et la douce brise des montagnes créent une atmosphère sereine, invitant les visiteurs à se détendre et à se connecter avec la beauté préservée qui définit Dhërmi. Le littoral est ici une toile de tranquillité, invitant à la contemplation et à l'introspection au cœur de la nature.

Au-delà de la sérénité diurne, la Riviera s'anime avec une vie nocturne animée à Jale Beach. Au coucher du soleil, Jale Beach se transforme en un centre animé où les rires et la musique remplissent l'air. L'atmosphère énergique s'adresse à ceux qui recherchent une fin exaltante à une journée d'aventures ensoleillées. Les clubs et cafés en bord de mer proposent une variété de divertissements, de la musique live aux pistes de danse rythmées. Jale Beach témoigne du caractère dynamique de la Riviera, démontrant que le charme côtier de l'Albanie s'étend au-delà de la lumière du jour, garantissant que chaque instant devient une partie d'un récit côtier mémorable.

Parcs nationaux luxuriants et sentiers de randonnée

L'intérieur de l'Albanie se déploie comme une tapisserie de merveilles naturelles, invitant les explorateurs à plonger dans des parcs nationaux luxuriants et à s'embarquer sur des sentiers de randonnée revigorants qui révèlent une autre facette de la beauté du pays. Les montagnes maudites, bien nommées Prokletije, sont un emblème de grandeur sauvage, offrant un refuge aux randonneurs désireux de traverser leurs formidables sommets et de s'immerger dans des paysages pittoresques. Alors que l'air pur de la montagne remplit les poumons, les aventuriers sont récompensés par des vues panoramiques qui mettent en valeur la beauté sauvage de ces sommets majestueux.

Au cœur des Montagnes Maudites se trouve le parc national de Theth, un sanctuaire pour les amoureux de la nature. Ici, l'emblématique Blue Eye témoigne du talent artistique de la nature : une source naturelle fascinante entourée d'une verdure dense. En parcourant les sentiers du parc, les visiteurs découvrent une riche tapisserie de flore et de faune, chaque étape révélant l'équilibre délicat qui existe dans cet écosystème florissant. Le parc national de Theth n'est pas seulement une collection de vues panoramiques ; c'est un voyage immersif au cœur de la nature, où les sons apaisants du bruissement des feuilles et des ruisseaux accompagnent chaque exploration.

En voyageant plus au sud, l'exploration se poursuit au col de Llogara, dans les montagnes Cerauniennes. Ce point de vue surélevé offre une vue panoramique à couper le souffle, dévoilant la partie fascinante de la Riviera albanaise en contrebas. Les randonneurs qui parcourent les sentiers bien entretenus sont entourés d'une flore diversifiée, des fleurs sauvages parfumées aux pins de montagne résistants. L'air est rempli de la symphonie du chant des oiseaux, créant une atmosphère enchanteresse qui élève l'expérience de randonnée au-delà d'un effort physique vers une communion apaisante avec la nature.

Le col de Llogara, dans sa splendeur, devient une porte d'entrée vers un royaume où les randonneurs tissent un lien avec le monde naturel. Les sentiers offrent une opportunité d'introspection et d'appréciation, car chaque étape apporte de nouvelles révélations sur les écosystèmes complexes qui prospèrent dans ce havre surélevé. C'est un voyage sensoriel où le parfum des aiguilles de pin, le bruit des ruisseaux de montagne et la vue de paysages panoramiques convergent pour créer une expérience holistique pour ceux qui recherchent du réconfort dans l'étreinte de la nature.

Le parc national de la vallée de Valbona, niché dans la partie nord de l'Albanie, constitue le summum des randonneurs avides de nature sauvage et préservée. Ici, des paysages alpins immaculés se dévoilent, recouverts de prairies et entourés de sommets escarpés. La vallée de Valbona devient une porte d'entrée vers les Alpes albanaises, un refuge pour ceux qui recherchent la beauté brute et intacte des terrains montagneux. En sillonnant les sentiers qui sillonnent ce parc national, les aventuriers deviennent témoins de la danse intemporelle entre la roche et le ciel, une danse qui se joue sans interruption depuis des siècles.

Les sentiers de la Vallée de Valbona offrent non seulement des défis physiques mais dévoilent également la riche tapisserie culturelle de la région. Découvrez des villages traditionnels où l'hospitalité est aussi abondante que la beauté naturelle qui les entoure. Plongez-vous dans le mode de vie local, où le temps semble passer à son propre rythme. Au fur et à mesure que la randonnée se poursuit, le paysage se transforme, révélant des lacs alpins cachés, des vallées glaciaires et le charme sauvage qui définit les Alpes albanaises.

Sports d'aventure et activités nautiques

L'Albanie, souvent considérée comme un joyau caché des Balkans, dévoile un terrain de jeu pour les amateurs d'adrénaline avec sa gamme diversifiée de sports d'aventure et d'activités nautiques. Dans ce chapitre, nous embarquons pour un voyage à travers les expériences palpitantes qui attendent ceux qui recherchent une évasion exaltante. De la navigation dans les rapides sauvages de la rivière Vjosa à la descente du majestueux canyon Osumi en passant par le canyoning, l'Albanie offre une toile dynamique aux amateurs de sensations fortes.

La rivière Vjosa, reconnue comme l'une des dernières rivières sauvages d'Europe, témoigne de l'engagement de l'Albanie à préserver ses merveilles naturelles. Le rafting le long de la Vjosa présente une expérience passionnante, alors que les passionnés naviguent à travers des rapides turbulents sur fond de paysages époustouflants. Le débit sauvage de la rivière, flanqué de collines pittoresques et de villages pittoresques, ajoute une touche d'aventure à chaque détour. Pour ceux qui recherchent une rencontre immersive avec la nature tout en étanchant leur soif d'excitation, une expédition de rafting à Vjosa est un incontournable. Alors que le bateau manœuvre dans les rapides, les participants sont non seulement confrontés à une montée d'adrénaline, mais aussi à une appréciation de la beauté préservée des écosystèmes fluviaux de l'Albanie.

En s'aventurant à l'intérieur des terres, l'Osumi Canyon offre une expérience de canyoning qui combine le frisson de la descente en rappel avec les merveilles naturelles sculptées par la rivière Osum. Lorsque les aventuriers descendent dans le canyon, ils se retrouvent entourés d'imposantes falaises, chacun de leurs mouvements résonnant contre les parois rocheuses. Les passages étroits mettent les participants au défi de nager dans des piscines aux eaux cristallines, ajoutant une touche rafraîchissante à la descente pleine d'adrénaline. La combinaison unique d'eau et de formations rocheuses dans Osumi Canyon crée une atmosphère surnaturelle, transformant l'expérience de canyoning en un voyage sensoriel qui explore les merveilles géologiques façonnées par les forces de la nature.

En direction des régions côtières, l'aventure s'étend jusqu'à la mer Ionienne, où les amateurs de plongée sous-marine pourront explorer un monde sous-marin riche en vie marine et en trésors archéologiques submergés. La mer Ionienne, connue pour ses eaux claires et ses écosystèmes diversifiés, offre une toile de fond captivante pour l'exploration sous-marine. Les plongeurs peuvent découvrir des récifs coralliens vibrants, d'anciennes épaves et un éventail d'espèces marines qui prospèrent dans ces eaux cristallines. L'aventure sous-marine s'adresse non seulement aux plongeurs expérimentés, mais offre également aux débutants la possibilité de se lancer dans des plongées guidées, révélant ainsi les mystères cachés sous la surface.

Pour ceux qui recherchent une perspective plus tranquille mais tout aussi fascinante du littoral, le kayak et le paddleboard le long de la Riviera albanaise offrent l'équilibre parfait. La navigation rythmée sur fond de plages pittoresques et de falaises escarpées offre une façon unique de s'imprégner du charme côtier. L'exploration de criques cachées et de grottes marines devient un voyage personnel, permettant aux aventuriers de suivre leur propre rythme tout en profitant de la sérénité du littoral ionien. Qu'il s'agisse de glisser sur les eaux calmes au lever du soleil ou de naviguer sur les douces vagues pendant les heures d'or, le kayak et le paddleboard offrent une évasion sereine qui complète les activités plus riches en adrénaline disponibles en Albanie.

À l'intérieur des terres, l'aventure prend une tournure ascendante alors que le canyon de Rugova au Kosovo, facilement accessible depuis le nord de l'Albanie, dévoile une expérience d'escalade difficile sur fond de superbes falaises calcaires. Le terrain accidenté du canyon Rugova offre un terrain de jeu naturel aux grimpeurs de différents niveaux. Lorsque les grimpeurs gravissent les parois calcaires, ils sont récompensés par une vue panoramique sur le paysage spectaculaire du canyon. Le frisson de relever les défis verticaux est complété par le sentiment d'accomplissement et un lien plus profond avec les merveilles naturelles de la région.

Le col de Llogara, connu pour ses vues panoramiques à couper le souffle, offre un autre type d'aventure alors que les amateurs de sensations fortes s'envolent dans les airs en parapente. En sautant du bord de la falaise, les participants survolent les paysages côtiers et bénéficient d'une vue plongeante sur la diversité du terrain en contrebas. Le sentiment de liberté et d'apesanteur ressenti en parapente est sans précédent, alors que les aventuriers glissent avec grâce sur les montagnes, les vallées et les plages immaculées de la Riviera albanaise. Le col de Llogara devient une rampe de lancement pour un voyage aérien inoubliable, mêlant la montée d'adrénaline du vol libre à la beauté des paysages qui définissent les paysages côtiers et montagneux de l'Albanie.

Chapitre 6

REPÈRES HISTORIQUES ET CULTURELS

L'Albanie, avec son passé riche et son patrimoine culturel dynamique, constitue un phare pour les voyageurs en quête d'un voyage captivant dans le temps. Niché au cœur des Balkans, ce pays dévoile une riche tapisserie tissée des fils de diverses civilisations qui ont laissé une marque indélébile sur ses paysages et ses traditions. Le charme de l'Albanie réside non seulement dans ses paysages pittoresques, mais également dans ses monuments remarquables qui témoignent de l'évolution historique de la nation. Ce chapitre sert de passerelle pour explorer l'essence de l'Albanie à travers le prisme de ses sites du patrimoine mondial de l'UNESCO, de ses ruines antiques et de ses musées fascinants, chacun témoignant de la profondeur et de la complexité du récit albanais.

Les sites du patrimoine mondial de l'UNESCO en Albanie, notamment le centre historique de Gjirokastër, l'ancienne ville de Butrint et les centres historiques de Berat et de Gjirokastër, transportent les voyageurs dans un monde où convergent le charme médiéval, les merveilles archéologiques et les influences ottomanes. Ces sites sont des incarnations vivantes des diverses influences culturelles qui ont façonné l'Albanie au fil des siècles. En se promenant dans les rues pavées de Gjirokastër ou en s'émerveillant devant les ruines bien conservées de Butrint, un lien profond avec le passé se forge. Simultanément, les ruines antiques de l'Albanie, comme celles d'Apollonia, Durrës et Byllis, dévoilent les chapitres de l'histoire classique du pays, offrant un aperçu des prouesses architecturales et des structures sociétales des époques révolues. Les musées et galeries présentés dans ce chapitre enrichissent encore le récit, en préservant et en présentant des artefacts qui racontent l'histoire du peuple albanais, ses luttes et ses triomphes, créant ainsi une expérience immersive pour ceux qui souhaitent comprendre les couches complexes du patrimoine albanais.

Sites du patrimoine mondial de l'UNESCO

L'Albanie, joyau au cœur des Balkans, dévoile fièrement trois sites du patrimoine mondial de l'UNESCO qui sont les gardiens monumentaux du riche héritage culturel et historique de la nation. Chaque site présente un récit unique, un chapitre du vaste livre du passé de l'Albanie, tissé de fils de diversité, de résilience et d'éclat architectural.

Le premier joyau de ce trésor culturel est le centre historique de Gjirokastër. Nichée au milieu des paysages à couper le souffle de la vallée du Drino et des montagnes de Gjerë, Gjirokastër témoigne du charme durable des villes médiévales des Balkans. Lorsque les voyageurs se promènent dans ses rues pavées, ils sont transportés dans le temps, entourés d'exemples bien conservés de l'architecture ottomane. La grandeur du château de Gjirokastër, perché majestueusement sur la ville, ajoute une touche de royauté à l'ensemble. Le château offre non seulement une vue panoramique sur les environs, mais sert également de musée vivant, racontant les récits de sièges, de conquêtes et de la résilience d'une ville qui a résisté aux vents de l'histoire.

L'ancienne ville de Butrint apparaît comme le deuxième site du patrimoine mondial de l'UNESCO, une merveille archéologique qui dévoile à chaque étape les couches du passé de l'Albanie. Enracinée au 7ème siècle avant JC, Butrint a été témoin du flux et du reflux des civilisations, laissant derrière elle une mosaïque de ruines qui racontent une histoire captivante. Le théâtre grec, les bains publics romains et l'imposant château vénitien contribuent tous à l'histoire aux multiples facettes de Butrint. Chaque structure, témoignage de différentes époques, invite à la contemplation des influences hellénistiques, romaines, byzantines et ottomanes qui ont façonné ce site remarquable. Butrint, avec sa tapisserie complexe de merveilles anciennes, sert d'encyclopédie vivante, offrant un lien tangible avec les diverses cultures qui prospéraient autrefois entre ses murs.

Complétant cette trinité de sites du patrimoine mondial de l'UNESCO, les centres historiques de Berat et de Gjirokastër émergent conjointement comme un exemple d'architecture ottomane bien préservée. Berat, connue sous le nom de « Ville aux mille fenêtres », est un musée vivant du patrimoine ottoman. Le paysage urbain présente une collection époustouflante de maisons, d'églises et de mosquées ottomanes, coexistant harmonieusement.

La fusion de différents styles architecturaux au sein de Berat est un témoignage visuel de l'intersection de diverses influences religieuses et culturelles qui ont façonné la ville au fil des siècles. Se promener dans les rues pavées de Berat, c'est comme remonter dans le temps, où les échos de la domination ottomane persistent dans les motifs complexes des fenêtres, la calligraphie des mosquées et l'esprit durable d'une ville qui a embrassé la convergence de diverses traditions.

Ruines antiques et merveilles archéologiques

Le paysage captivant de l'Albanie fait office de musée en plein air, où les ruines antiques et les merveilles archéologiques en disent long sur les civilisations qui ont laissé leur empreinte sur cette région diversifiée au fil des millénaires. Alors que l'on se lance dans un voyage à travers les vestiges historiques, un lien profond avec le passé s'établit, dévoilant les couches de complexité qui ont façonné l'Albanie pour en faire la tapisserie culturelle qu'elle est aujourd'hui.

L'un des sites les plus remarquables qui fait écho au battement du cœur antique de l'Albanie est Apollonia. Établie comme une ancienne colonie grecque au 6ème siècle avant JC, Apollonia est devenue plus tard une ville romaine importante. Nichées au milieu de collines pittoresques, les ruines d'Apollonia offrent une expérience immersive dans les réalisations intellectuelles et artistiques de l'ancienne civilisation albanaise. L'Odéon bien conservé, autrefois lieu de spectacles musicaux et de débats philosophiques, témoigne de la sophistication culturelle de cette ancienne colonie. Les vestiges d'une bibliothèque, espace sacré dédié à la connaissance et à l'apprentissage, reflètent l'importance accordée à l'éducation dans la société florissante d'Apollonia. En se promenant dans la ville antique, les visiteurs rencontrent un arc de triomphe monumental, une merveille architecturale commémorant les généraux victorieux de Rome. Dédiée au dieu Apollon, Apollonia résume la fusion des influences grecques et romaines, offrant un aperçu du syncrétisme qui a caractérisé ce carrefour historique.

L'amphithéâtre de Durrës, datant du IIe siècle après JC, constitue un témoignage monumental de la grandeur de l'Empire romain dans la région. Cet amphithéâtre colossal, situé au cœur de Durrës, résonnait autrefois des acclamations de milliers de spectateurs rassemblés pour assister à des concours de gladiateurs et à des représentations publiques. L'amphithéâtre, à la structure bien conservée, met en valeur les prouesses architecturales des ingénieurs romains qui ont conçu cette imposante arène. Au-delà de sa grandeur, l'Amphithéâtre de Durrës résume l'importance culturelle du divertissement public dans la société romaine, offrant une fenêtre sur les activités de loisirs et la dynamique sociale de l'époque. Aujourd'hui, lorsque les visiteurs explorent l'amphithéâtre, ils peuvent presque imaginer les spectacles vibrants qui se sont déroulés dans cette arène, ce qui en fait non seulement une relique historique mais aussi un témoignage vivant du dynamisme culturel de l'ancienne Durrës.

Au sud-est de Durrës, l'ancienne ville de Byllis apparaît comme un autre joyau archéologique, offrant une perspective unique sur l'importance stratégique de cette colonie pendant les périodes hellénistique et romaine. Le théâtre bien conservé de Byllis témoigne de l'importance accordée aux activités culturelles et récréatives dans la société ancienne. À mesure que les visiteurs gravissent les gradins du théâtre, ils sont transportés à une époque où les représentations théâtrales et les rassemblements communautaires faisaient partie intégrante de la vie quotidienne. Au-delà du théâtre, les anciens murs de la ville de Byllis, qui entourent le site archéologique, mettent en valeur la planification stratégique et les mesures défensives mises en œuvre à une époque de complexités géopolitiques.

En explorant les vestiges de Byllis, les voyageurs acquièrent un aperçu du rôle de la ville en tant que carrefour du commerce et de la communication, reliant différentes régions et civilisations. Les vestiges archéologiques de Byllis fournissent ainsi un lien tangible avec la dynamique géopolitique qui s'est déroulée dans cette ville ancienne, soulignant son importance dans le récit historique plus large de la région.

Musées et galeries présentant le patrimoine albanais

Le patrimoine culturel de l'Albanie est méticuleusement préservé et mis en valeur à travers un éventail de musées et de galeries, offrant une expérience enrichissante et immersive à ceux qui souhaitent découvrir les couches complexes du passé du pays. Chaque institution sert de référentiel, conservant soigneusement les artefacts qui racontent l'histoire de l'Albanie, traversant les époques et embrassant diverses influences.

Le Musée historique national de Tirana constitue un imposant témoignage de l'odyssée historique de l'Albanie. Cette institution complète s'étend sur un complexe architectural impressionnant, abritant un trésor d'artefacts qui traversent l'évolution de la nation depuis la préhistoire jusqu'à l'ère contemporaine. Divisé en sections thématiques, le musée dévoile les récits des tribus illyriennes, de l'occupation romaine et de la domination ottomane. Les visiteurs sont guidés à travers un voyage captivant, à la rencontre de reliques, de documents et d'expositions qui décrivent de manière vivante la résilience et la richesse culturelle du peuple albanais. Des objets illyriens aux mosaïques romaines en passant par les armes ottomanes, le Musée historique national résume l'essence du patrimoine diversifié de l'Albanie, ce qui en fait une destination incontournable pour ceux qui recherchent une compréhension globale du passé du pays.

Pour ceux qui sont captivés par les arts visuels, la Galerie nationale des arts de Tirana apparaît comme un phare d'expression culturelle. Nichée au cœur de la capitale, cette galerie est un paradis pour les amateurs d'art, proposant une collection diversifiée qui reflète l'évolution de l'expression artistique albanaise. Des peintures, des sculptures et des œuvres d'art contemporaines ornent les murs de la galerie, mettant en valeur la créativité et le talent qui se sont épanouis tout au long de l'histoire de l'Albanie. Les visiteurs ont droit à un festin visuel, passant des œuvres du début du XXe siècle influencées par le post-impressionnisme aux pièces contemporaines vibrantes reflétant le dynamisme des artistes albanais modernes. La Galerie nationale des arts offre non seulement une fenêtre sur l'évolution de l'art albanais, mais favorise également une appréciation des profonds courants culturels qui ont façonné l'esprit créatif de la nation.

Dans la ville méridionale de Gjirokastër, le musée de Gjirokastër propose une exploration intime du patrimoine culturel de la région. Installé dans la maison historique Argjiro, une structure elle-même chargée d'histoire, ce musée offre une compréhension nuancée de la vie quotidienne, des traditions et de l'artisanat de

Gjirokastër. En parcourant les expositions, les visiteurs découvrent des artefacts allant des vêtements et outils traditionnels aux articles ménagers de fabrication complexe. Le musée devient un témoignage vivant de la résilience et de la créativité de la communauté locale, permettant aux visiteurs de s'immerger dans les rythmes du passé de Gjirokastër. Le musée Gjirokastër, grâce à ses expositions soigneusement organisées, transcende l'expérience muséale conventionnelle, invitant les visiteurs à se connecter à un niveau personnel avec l'héritage culturel de la ville.

En s'aventurant vers l'est, jusqu'à Korçë, le Musée d'art médiéval ajoute une autre couche à la tapisserie culturelle albanaise. Cette institution, nichée au cœur de la ville, s'attache à conserver et à exposer l'art religieux datant du XIIIe au XVIIIe siècle. La collection du musée comprend des icônes religieuses, des manuscrits et des objets qui reflètent les réalisations artistiques des artisans albanais médiévaux. Les visiteurs sont transportés à une époque où l'art sacré constituait la pierre angulaire de l'expression culturelle, mettant en valeur le savoir-faire complexe et le dévouement spirituel des artistes. Le Musée d'art médiéval témoigne non seulement de l'héritage religieux de l'Albanie, mais souligne également le rôle de l'art dans la formation de l'identité et de l'esthétique de la nation au fil des siècles.

Chapitre 7

EXPÉRIENCES LOCALES ET FESTIVALS

Ce chapitre ouvre une porte vers le cœur et l'âme de ce pays enchanteur. Les festivals culturels immersifs occupent une place centrale, mettant en valeur la scène artistique et musicale dynamique de l'Albanie. Le festival Kala à Dhërmi, avec pour toile de fond la Riviera albanaise, se distingue comme une célébration animée de la créativité, attirant un public diversifié. Tout aussi captivant est le Festival national de folklore de Gjirokastër, où la ville antique s'anime avec les couleurs vibrantes des traditions folkloriques. Ces festivals non seulement divertissent, mais offrent également une plongée profonde dans la tapisserie culturelle albanaise, favorisant un sentiment de lien entre les habitants et les visiteurs.

Au-delà de la ferveur du festival, ce chapitre plonge dans l'intimité des familles d'accueil et de l'hospitalité locale. Pour ceux qui recherchent une rencontre plus personnelle avec la vie albanaise, séjourner dans des maisons d'hôtes traditionnelles devient une recommandation clé. Qu'elles soient nichées dans les hauts plateaux du nord de Theth ou le long de la côte sud, ces familles d'accueil offrent non seulement un hébergement mais aussi l'opportunité de faire partie de la communauté locale. Partager des repas, des histoires et des coutumes avec des familles albanaises ouvre une fenêtre sur la chaleur et l'hospitalité qui définissent la nation. Ce chapitre encourage les voyageurs à aller au-delà de l'expérience touristique conventionnelle, en les invitant à adopter les liens authentiques et réconfortants forgés à travers les séjours chez l'habitant et l'hospitalité locale.

Festivals culturels immersifs

Le paysage culturel albanais prend vie à travers un kaléidoscope de festivals, chacun offrant une expérience unique et immersive à ceux qui cherchent à se plonger dans les traditions vibrantes de la nation. Au premier plan de cette célébration culturelle se trouve le festival Kala, une extravagance annuelle qui transforme la ville côtière de Dhërmi en un paradis pour les amateurs de musique et d'art. Niché dans le décor époustouflant de la Riviera albanaise, le Festival Kala est devenu un phare d'expression créative, attirant non seulement les locaux mais aussi les visiteurs internationaux désireux d'assister à la convergence de divers talents artistiques.

Le Festival Kala est une manifestation de l'identité culturelle évolutive de l'Albanie, avec ses racines ancrées à la fois dans la tradition et la modernité. Des artistes de renom, tant nationaux qu'internationaux, ornent les scènes, offrant des performances live captivantes qui résonnent dans les paysages côtiers. Le festival sert non seulement de plate-forme aux musiciens établis, mais nourrit également les talents émergents, contribuant ainsi à l'évolution dynamique de la scène musicale contemporaine albanaise. Au-delà des délices auditifs, le Festival Kala est un spectacle visuel, mettant en vedette des installations artistiques qui mettent en valeur la scène créative dynamique du pays. Des sculptures aux expositions interactives, ces expressions artistiques offrent une lentille aux multiples facettes à travers laquelle les participants peuvent interagir et apprécier la riche tapisserie culturelle de l'Albanie.

Dans une autre veine, le Festival national de folklore de Gjirokastër témoigne du lien profond de l'Albanie avec son patrimoine populaire. Organisé dans la ville de Gjirokastër, classée au patrimoine mondial de l'UNESCO, un musée vivant de l'architecture ottomane, ce festival sert de toile vibrante où les fils de la tradition sont tissés dans une tapisserie colorée. Des musiciens folkloriques, des danseurs et des artisans de diverses régions convergent pour donner vie aux diverses expressions culturelles qui définissent l'identité albanaise. Les rues pavées et les monuments historiques de Gjirokastër deviennent des scènes de spectacles captivants, transportant les spectateurs dans une époque révolue où le folklore et la tradition étaient intrinsèques à la vie quotidienne.

Le Festival national de folklore de Gjirokastër n'est pas simplement une vitrine de spectacles ; c'est une expérience participative qui invite les visiteurs à s'impliquer dans le riche patrimoine culturel de l'Albanie. L'artisanat traditionnel occupe une place centrale alors que les artisans démontrent des techniques séculaires, créant des textiles, des poteries et d'autres objets artisanaux complexes. Les visiteurs peuvent participer activement à des ateliers et acquérir une expérience pratique de ces traditions séculaires. Les délices culinaires ajoutent une autre dimension au festival, avec des spécialités locales tentant les papilles de ceux qui souhaitent explorer les facettes gastronomiques de la culture albanaise. Le festival devient ainsi un voyage sensoriel, permettant aux participants de voir, d'entendre, de toucher et de goûter l'essence des traditions folkloriques albanaises.

Le Festival de Kala et le Festival folklorique national de Gjirokastër contribuent tous deux au récit de l'Albanie en tant que centre culturel, où le passé s'entremêle harmonieusement au présent. Ces festivals servent de ponts, relient les générations et favorisent un sentiment d'identité partagée. Au-delà du divertissement qu'ils proposent, ces événements jouent un rôle crucial dans la préservation et la promotion du patrimoine culturel albanais. À mesure que les festivals gagnent en reconnaissance internationale, ils servent d'ambassadeurs, invitant le monde à être témoin de la beauté unique et aux multiples facettes des traditions albanaises.

Famille d'accueil et hospitalité locale

Les familles d'accueil et l'hospitalité locale en Albanie résument l'essence de l'immersion culturelle, offrant aux voyageurs un lien profond avec le riche patrimoine de la nation. Opter pour un séjour chez l'habitant devient une invitation à partager la chaleur et l'authenticité qui définissent la culture albanaise. La pratique s'étend à travers les divers paysages du pays, offrant aux visiteurs l'occasion non seulement d'observer mais aussi de participer activement à la vie quotidienne des habitants.

La ville septentrionale de Theth, nichée dans les époustouflantes Alpes albanaises, est un excellent exemple de l'expérience enchanteresse d'un séjour chez l'habitant. Ici, les visiteurs peuvent trouver de charmantes maisons d'hôtes parsemant les paysages pittoresques. Ces hébergements, souvent familiaux, ouvrent leurs portes aux voyageurs en quête de plus qu'un simple lieu de repos. Les repas en commun, caractéristique de l'hospitalité albanaise, occupent une place centrale dans ces séjours chez l'habitant. Les clients ont le privilège de savourer des plats traditionnels albanais préparés avec amour et soin. L'expérience s'étend au-delà des délices culinaires ; il devient une plateforme de conversations sincères, où l'échange culturel devient aussi essentiel que les repas partagés.

Les familles d'accueil de Theth offrent une fenêtre sur les coutumes et traditions uniques de la vie albanaise du nord. En participant à des activités quotidiennes, qu'il s'agisse de s'occuper du bétail ou de participer aux festivités locales, ils acquièrent un aperçu direct du rythme de vie dans cette région montagneuse. Les liens noués lors du séjour transcendent souvent la nature temporelle du tourisme, transformant les invités en membres honoraires de la famille. La nature réciproque de l'hospitalité albanaise garantit que les visiteurs repartent non seulement avec des souvenirs de paysages pittoresques, mais aussi avec des liens durables avec les communautés qui les ont accueillis.

Au-delà de Theth, les villages côtiers du sud offrent une expérience contrastée mais tout aussi enrichissante en matière de séjour chez l'habitant. Ici, les côtes Adriatique et Ionienne servent de toile de fond à une hospitalité aussi chaleureuse que le soleil de la Méditerranée. Les familles des villages tels que Dhërmi ou Jale ouvrent leurs maisons, invitant leurs hôtes à participer au rythme tranquille de la vie côtière. Les sons rythmés de la mer deviennent le décor de repas partagés où les fruits de mer locaux sont à l'honneur. Les conversations serpentent à travers les récits des traditions maritimes, créant une tapisserie de récits qui font écho au patrimoine maritime de la région.

Le charme des familles d'accueil ne réside pas seulement dans les espaces physiques qu'elles offrent, mais aussi dans les véritables liens noués entre les hôtes et les invités. Les Albanais sont fiers de partager leur héritage culturel et les familles d'accueil deviennent une toile de fond pour cet échange culturel. Les visiteurs, à leur tour, apportent diverses perspectives, créant un dialogue dynamique qui transcende les barrières linguistiques. De l'apprentissage des danses traditionnelles à la participation à des activités artisanales, la nature immersive de ces expériences s'étend bien au-delà des frontières superficielles du tourisme.

Fondamentalement, le concept de séjour chez l'habitant s'aligne sur l'évolution mondiale vers un voyage durable et responsable. En choisissant de séjourner dans des familles locales, les voyageurs contribuent activement au bien-être économique de ces communautés. Les avantages financiers vont directement aux hôtes, soutenant les entreprises locales et garantissant que l'industrie touristique devienne un catalyseur de changement positif au niveau local. Cette relation symbiotique favorise le sentiment de responsabilité chez les voyageurs, les encourageant à apprécier et à préserver le patrimoine culturel et environnemental des lieux qu'ils visitent.

Expériences uniques hors des sentiers battus

Le charme de l'Albanie ne se limite pas à ses attractions bien connues ; il invite les aventuriers intrépides à explorer les sentiers les moins fréquentés et à découvrir des joyaux cachés. Niché près du lac d'Ohrid, le village de Lin apparaît comme un havre de tranquillité et un témoignage de traditions séculaires. Ici, les visiteurs ont l'occasion unique d'assister à l'ancienne pratique de la pêche au cormoran, une tradition transmise de génération en génération. La relation symbiotique entre les habitants et la nature se déroule comme un spectacle captivant, dressant un tableau vivant d'harmonie et de tradition. Loin des hauts lieux touristiques animés, Lin offre une évasion sereine où la danse rythmée des cormorans sur le lac devient un rituel fascinant, reliant les visiteurs à l'essence du patrimoine albanais de manière intime et immersive.

Pour ceux qui souhaitent voyager à travers l'histoire industrielle de l'Albanie, le musée Bunk'Art de Tirana constitue un témoignage stimulant de la résilience de la nation. Installé dans un immense bunker construit à l'époque communiste, le musée emmène les visiteurs dans une exploration captivante du passé tumultueux de l'Albanie. Les salles souterraines révèlent des expositions sur la propagande, l'espionnage et l'esprit indomptable du peuple albanais. Cette perspective unique sur l'évolution du pays se déroule au milieu des murs de béton du bunker, créant une expérience immersive qui incite à réfléchir sur l'impact des événements historiques. Le musée Bunk'Art sert d'archives vivantes, préservant les souvenirs et les histoires qui ont façonné l'Albanie, offrant un récit fascinant à ceux qui sont curieux de connaître le voyage de la nation à travers le temps.

Pour les amoureux de la nature à la recherche d'une aventure hors des sentiers battus, le parc national de la vallée de Valbona apparaît comme une nature sauvage intacte qui attend d'être explorée. Accessible par bateau ou via une randonnée panoramique, cette région isolée séduit par ses paysages immaculés et ses maisons traditionnelles en bois. Le parc offre un sanctuaire à ceux qui aspirent à un lien authentique avec la nature, loin des centres urbains animés. Ici, les voyageurs peuvent dialoguer avec les bergers locaux et acquérir des informations précieuses sur leur mode de vie nomade et l'équilibre délicat qu'ils maintiennent entre conservation et moyens de subsistance. Le parc national de la vallée de Valbona offre non seulement un sanctuaire pour une flore et une faune diversifiées, mais sert également de salle de classe vivante, enseignant aux visiteurs les relations complexes entre les humains et l'environnement dans cette région d'importance écologique.

Dans le village de Lin, l'ancienne pratique de la pêche au cormoran devient un témoignage vivant du lien durable entre les Albanais et leur environnement naturel. La sérénité du lac, associée à la danse rythmée des cormorans, offre aux visiteurs une évasion tranquille de l'agitation de la vie moderne. Alors que le soleil se couche sur les eaux réfléchissantes du lac d'Ohrid, le village de Lin devient un sanctuaire où tradition et nature se confondent, créant un spectacle intemporel pour ceux qui ont la chance de s'aventurer dans ce coin moins exploré de l'Albanie.

Le musée Bunk'Art de Tirana constitue un symbole puissant de la résilience de l'Albanie et une plongée intrigante dans l'histoire complexe du pays. Installées dans un immense bunker, les salles souterraines du musée offrent une toile de fond envoûtante pour des expositions sur la propagande, l'espionnage et l'esprit inébranlable du peuple albanais. Les visiteurs sont transportés dans une époque révolue, où les murs de béton témoignent des défis et des triomphes qui ont façonné la nation. Le musée Bunk'Art rappelle brutalement l'impact des événements historiques, favorisant une compréhension profonde du parcours de l'Albanie depuis son passé communiste jusqu'à son état actuel de résilience et de renouveau.

En s'aventurant dans le parc national de la Vallée de Valbona, les voyageurs sont accueillis par un paysage épargné par la modernité. La nature sauvage intacte du parc, accessible par bateau ou par une randonnée panoramique, se révèle comme un paradis pour les amoureux de la nature à la recherche d'un lien authentique avec l'environnement. Des maisons traditionnelles en bois parsèment le paysage, offrant un aperçu de la coexistence harmonieuse entre la communauté locale et son environnement naturel. S'intéresser au mode de vie nomade des bergers locaux donne un aperçu approfondi de l'équilibre délicat qu'ils maintiennent, présentant un exemple vivant de pratiques durables et d'efforts de conservation dans cette région écologiquement importante.

Chapitre 8

CONSEILS PRATIQUES DE VOYAGE ET MESURES DE SÉCURITÉ

Embarquer pour un voyage vers une nouvelle destination signifie le début d'une aventure remplie de découvertes et d'exploration. Cependant, le plaisir de voyager s'accompagne souvent de la nécessité d'une planification méticuleuse pour garantir une expérience fluide et agréable. Dans le contexte de l'Albanie, pays réputé pour son riche patrimoine culturel, ses paysages époustouflants et son hospitalité chaleureuse, l'importance des considérations pratiques en matière de voyage devient encore plus prononcée. Que vous soyez un voyageur chevronné ou que vous vous aventuriez pour la première fois dans l'exploration internationale, ce chapitre sert de boussole, vous guidant à travers des conseils de voyage indispensables et des mesures de sécurité spécialement conçues pour naviguer dans les paysages enchanteurs et les villes animées d'Albanie.

La topographie diversifiée de l'Albanie, allant de la pittoresque Riviera albanaise à la ville historique de Gjirokastër, exige une attention particulière aux modes de transport. Pour naviguer efficacement dans le pays, il faut comprendre les options disponibles, du système de transports publics bien connecté à la flexibilité de louer une voiture pour une exploration plus personnalisée. De plus, un aperçu du paysage de la santé et de la sécurité garantit un voyage sans souci. L'Albanie, avec son infrastructure de soins de santé en développement, nécessite une connaissance des installations médicales, des recommandations de vaccination et de la sécurité des aliments et de l'eau. Ce chapitre vise à donner aux voyageurs les connaissances nécessaires pour prendre des décisions éclairées, favorisant ainsi un sentiment de confiance alors qu'ils se lancent dans un voyage inoubliable au cœur des Balkans.

Transports en Albanie

L'Albanie, avec ses paysages à couper le souffle et sa richesse d'attractions culturelles, invite les voyageurs à explorer efficacement son territoire diversifié. Comprendre les options de transport disponibles est crucial pour ceux qui souhaitent découvrir les joyaux cachés du pays. La mosaïque de montagnes, de côtes et de sites historiques est rendue accessible grâce à un système complet de transports en commun, de location de voitures, de taxis, de services de covoiturage et même d'un réseau ferroviaire modeste mais pittoresque.

Transport public:

Le système de transports publics albanais témoigne de l'engagement du pays en faveur de la connectivité. Les bus et minibus sillonnent le pays, formant un réseau qui relie les grandes villes et villages. Tirana, la capitale dynamique, constitue l'épicentre de ce réseau, facilitant un accès facile à diverses régions. Les voyageurs trouvent le système de transport public à la fois fiable et économique, ce qui en fait un choix attrayant, en particulier pour les personnes soucieuses de leur budget et désireuses de s'immerger dans la culture locale. La commodité de monter dans un bus à Tirana et d'arriver à un site historique ou à une ville côtière pittoresque fait de ce mode de transport un choix populaire et accessible.

Louer une voiture :

Pour ceux qui ont soif d'autonomie et de flexibilité dans leur exploration, la location de voiture en Albanie dévoile un monde de possibilités. Les sociétés de location de voitures internationales et locales opèrent dans les grandes villes et proposent une gamme de véhicules adaptés à diverses préférences. La location d'une voiture permet aux voyageurs de s'aventurer dans des zones reculées et de découvrir des destinations hors des sentiers battus qui pourraient échapper aux transports en commun conventionnels. Cependant, les conducteurs potentiels doivent être préparés aux défis présentés par les conditions routières variées de l'Albanie. Les terrains montagneux sinueux et les routes côtières étroites exigent une conduite prudente, mais la récompense réside dans la liberté de créer un itinéraire personnalisé, explorant des villages cachés et des merveilles naturelles à votre rythme.

Taxis et covoiturage :

Se déplacer dans les zones urbaines ou parcourir des distances plus courtes au sein des villes devient fluide grâce à la disponibilité des taxis et à la popularité croissante des services de covoiturage. Les taxis sont monnaie courante dans les villes albanaises et constituent un moyen de transport pratique pour ceux qui préfèrent le service porte-à-porte. Pour garantir une expérience sans tracas, il est conseillé d'utiliser des services de taxi réputés et de convenir du tarif avant de commencer le voyage. Les plateformes de covoiturage ont également fait leur apparition en Albanie, offrant une option alternative et souvent plus rentable pour se déplacer. Ces services sont particulièrement utiles dans les zones où les transports publics peuvent être limités ou moins pratiques.

Voyage par le rail:

Même si le réseau ferroviaire albanais ne rivalise pas avec celui de certains autres pays européens, le voyage en train constitue une manière unique et pittoresque de parcourir des itinéraires spécifiques. Reliant les grandes villes, les trains offrent un voyage pittoresque à travers des paysages allant des collines aux côtes sereines. La planification est essentielle lorsque l'on opte pour un voyage en train, en particulier pendant les hautes saisons, lorsque les horaires peuvent être soumis à une demande accrue. Vérifier les horaires et réserver les billets à l'avance garantit un voyage plus fluide et plus agréable, permettant aux voyageurs de se détendre et d'admirer la beauté de la campagne albanaise.

Directives en matière de santé et de sécurité

Donner la priorité à la santé et à la sécurité est primordial lors de l'exploration d'une destination, et l'Albanie ne fait pas exception.

1. Médical Installations:
L'Albanie dispose d'un niveau raisonnable d'établissements de santé, en particulier dans les zones urbaines. Tirana dispose d'hôpitaux et de cliniques médicales bien équipés, fournissant des services aux habitants et aux touristes. Cependant, il est conseillé

d'avoir une assurance voyage complète qui couvre les urgences médicales et l'évacuation.

2. Vaccinations:
Avant de voyager en Albanie, assurez-vous que vos vaccinations de routine sont à jour. Les vaccinations contre l'hépatite A et B sont recommandées et, selon vos projets de voyage, des vaccins supplémentaires tels que celui contre la rage et l'encéphalite à tiques peuvent être conseillés. Consultez votre professionnel de la santé pour déterminer les vaccins les plus adaptés à votre voyage.

3. Nourriture et sécurité aquatique :
Même si l'Albanie applique généralement des normes relatives à la sécurité des aliments et de l'eau, il est essentiel de faire preuve de prudence. Tenez-vous-en à de l'eau en bouteille ou purifiée et évitez de consommer des aliments crus ou insuffisamment cuits. Déguster la cuisine locale fait partie de l'expérience, mais choisissez des établissements réputés pour minimiser les risques de maladies d'origine alimentaire.

4. Voyage Assurance:
Souscrire une assurance voyage complète est un aspect fondamental de la planification d'un voyage. Il offre une protection financière en cas d'événements imprévus tels qu'une urgence médicale, une annulation de voyage ou une perte d'objets. Vérifiez la couverture de la police et

assurez-vous qu'elle répond à vos besoins de voyage spécifiques.

5. Urgence Contacts:
Enregistrez les numéros de contact importants, y compris les services d'urgence locaux et l'ambassade ou le consulat le plus proche, dans votre téléphone. Disposer de ces numéros à portée de main peut s'avérer crucial en cas de situations inattendues.

6. Personnel Sécurité:
L'Albanie est généralement considérée comme une destination sûre pour les voyageurs. Prenez les précautions standard, comme protéger vos biens dans les zones très fréquentées et être conscient de votre environnement. Évitez les zones isolées, surtout la nuit tombée, et restez informé des conditions de sécurité locales.

Bases de la communication et du langage

Une communication efficace constitue la pierre angulaire du voyage, tissant des liens entre les explorateurs et les cultures qu'ils rencontrent. Dans le paysage kaléidoscopique de l'Albanie, comprendre les nuances de la langue locale devient un outil précieux pour nouer des liens significatifs et enrichir son expérience de voyage.

Cette section explore le tissu complexe de la communication, dévoilant les couches de diversité linguistique, les sensibilités culturelles et les conseils pratiques pour parcourir le paysage linguistique de cette captivante nation des Balkans.

Langue officielle : l'albanais comme tapisserie verbale

La langue officielle, l'albanais, est au cœur de l'identité linguistique de l'Albanie. Alors que l'anglais est devenu de plus en plus répandu dans les centres touristiques et parmi la population plus jeune, cultiver une compréhension de base des expressions albanaises peut être transformateur. Au-delà de l'aspect utilitaire de pouvoir demander son chemin ou commander un repas, parler quelques mots dans la langue locale sert de pont vers l'âme culturelle du pays. Il favorise un lien plus profond avec les habitants, signalant un véritable intérêt pour leur patrimoine et un engagement envers un engagement respectueux.

Pour le voyageur intrépide, apprendre des expressions courantes telles que « Mirëdita » (bonne journée), « Ju lutem » (s'il vous plaît) et « Faleminderit » (merci) peut être un passeport pour des expériences authentiques. Même si de nombreux Albanais sont accommodants et apprécient les efforts déployés pour parler leur langue, cela supprime également les barrières de communication, créant ainsi un voyage plus immersif et plus agréable. Cette immersion linguistique s'étend au-delà de la simple fonctionnalité ; il devient un canal d'échange culturel, transformant chaque interaction en un moment partagé de compréhension.

Applications de traduction : naviguer dans le paysage linguistique

Dans un monde interconnecté par la technologie, les applications de traduction apparaissent comme des outils indispensables pour franchir les frontières linguistiques. Ces applications servent de guides linguistiques, facilitant les traductions en temps réel et facilitant des interactions plus fluides, même en l'absence de langue commune. Pour les voyageurs à destination de l'Albanie, tirer parti des applications de traduction peut changer la donne. Des applications comme Google Translate ou Duolingo offrent une prise en charge de la langue albanaise, contribuant ainsi à combler le fossé entre les locuteurs natifs et les visiteurs.

De plus, compte tenu de la variabilité de la connectivité Internet dans certaines régions, le téléchargement de modules linguistiques hors ligne devient une décision stratégique. Cette prévoyance garantit que la communication reste sans entrave, même lors de l'exploration de zones reculées ou de la navigation dans des sites historiques où les signaux Wi-Fi peuvent être insaisissables. Le mariage de la technologie et de la langue atténue non seulement les défis pratiques, mais améliore également l'expérience globale du voyage, favorisant un sentiment d'indépendance et de connexion avec l'environnement local.

Sensibilité culturelle : décoder le langage non écrit

Au-delà de la compétence linguistique se trouve le domaine de la sensibilité culturelle – un langage souvent tacite qui façonne les interactions et les perceptions. Les Albanais, réputés pour leur hospitalité chaleureuse, apprécient les visiteurs qui font preuve d'une compréhension des coutumes et de l'étiquette locales. Des gestes simples comme offrir un « Përshëndetje » (salutation) chaleureux ou un « Faleminderit » (merci) sincère peuvent ouvrir les portes à de véritables relations.

Comprendre l'importance des salutations est essentiel. Une poignée de main respectueuse ou un signe de tête amical reconnaît les normes culturelles et donne un ton positif aux interactions. La valeur accordée aux relations personnelles dans la culture albanaise souligne l'importance des échanges polis et amicaux. Les voyageurs qui adoptent ces nuances se retrouvent non seulement comme touristes, mais comme participants à la riche tapisserie de la vie albanaise, accueillis à bras ouverts dans le tissu social complexe.

Dialectes locaux : explorer la mosaïque linguistique

Alors que l'albanais sert de ciment linguistique unissant la nation, les dialectes régionaux ajoutent des teintes vibrantes à la mosaïque linguistique du pays. Dans diverses régions d'Albanie, vous pourrez rencontrer des dialectes distincts qui reflètent la diversité historique et culturelle ancrée dans le paysage. Même si la maîtrise de ces dialectes n'est pas une condition préalable à la navigation, la connaissance de leur existence ajoute de la profondeur au récit culturel.

Dans les communautés rurales ou les zones moins fréquentées, où l'anglais est moins répandu, une compréhension des dialectes locaux peut faciliter des interactions plus significatives. Il témoigne de l'engagement du voyageur à s'immerger dans l'expérience locale authentique. Alors que le dialecte principal, le Gheg, domine dans le nord, le tosk est répandu dans le sud. La reconnaissance de ces nuances régionales met en valeur une conscience culturelle qui transcende la surface de la langue, offrant un aperçu de la tapisserie complexe de l'identité albanaise.

Phrases d'urgence : une bouée de sauvetage linguistique

Dans les moments d'urgence ou d'incertitude, la capacité de communiquer des phrases d'urgence de base peut être une bouée de sauvetage linguistique. Qu'il s'agisse de demander de l'aide, de demander un chemin ou de communiquer un besoin médical, ces expressions comblent le fossé entre le visiteur et le local, transformant la langue en un outil d'entraide.

Apprendre des phrases telles que "Ndihmë!" (aide), "Kuështë spitali ?" (où est l'hôpital), ou "Ndihma mjekësore !" (assistance médicale) donne aux voyageurs des compétences de communication essentielles dans des situations critiques. Les habitants apprécient les efforts déployés pour communiquer dans leur langue lors des moments difficiles, créant ainsi une compréhension commune qui transcende les barrières linguistiques.

Chapitre 9

VOYAGE DURABLE EN ALBANIE

L'Albanie, située comme un joyau dans les Balkans, attire les voyageurs avec son attrait aux multiples facettes : des paysages époustouflants et une tapisserie d'expériences culturelles riches. Niché entre les mers Adriatique et Ionienne, ce petit pays diversifié possède des chaînes de montagnes spectaculaires, des plages immaculées le long de la Riviera albanaise et des sites historiques anciens qui racontent son passé complexe. Au milieu de cette beauté se cache un aspect souvent négligé du tourisme : une opportunité unique de s'engager dans des pratiques durables. Le charme de l'Albanie s'étend au-delà de ses merveilles naturelles et historiques ; il résume un engagement en faveur d'un tourisme responsable, d'un hébergement respectueux de l'environnement et du soutien aux communautés locales et aux efforts de conservation. Ce chapitre dévoile un récit qui invite les voyageurs non seulement à s'émerveiller devant les trésors de l'Albanie, mais aussi à participer activement à leur préservation pour les générations futures.

Explorant l'importance du tourisme responsable, ce chapitre met en lumière la nécessité pour les voyageurs d'être des gardiens consciencieux des destinations qu'ils visitent. Il souligne l'importance de minimiser l'impact environnemental en adoptant des transports respectueux de l'environnement, en conservant les ressources et en respectant les cultures locales. L'Albanie, dans sa quête d'un tourisme durable, encourage une approche consciente qui va au-delà des plaisirs superficiels du voyage. En favorisant la sensibilité culturelle et en soutenant les entreprises locales, les visiteurs contribuent pleinement à la préservation du patrimoine unique de l'Albanie. L'exploration ultérieure d'hébergements et d'activités respectueux de l'environnement révèle une tendance naissante dans le secteur hôtelier du pays : un engagement en faveur de la durabilité.

Des hôtels-boutiques certifiés verts aux aventures axées sur la nature, l'Albanie offre aux voyageurs une myriade d'options pour aligner leur séjour sur des valeurs respectueuses de l'environnement. Simultanément, ce chapitre souligne l'importance de soutenir les communautés locales et les initiatives de conservation, soulignant l'interdépendance du tourisme responsable avec le bien-être des personnes et de l'environnement.

Pratiques touristiques responsables

Le tourisme responsable est la pierre angulaire de l'équilibre complexe entre l'industrie touristique florissante et la préservation de l'héritage naturel et culturel de l'Albanie. Alors que ce joyau des Balkans connaît un regain d'intérêt touristique, l'impératif de cultiver des pratiques responsables s'est accru de façon exponentielle. Cette section explore les dimensions multiformes du tourisme responsable en Albanie, élucidant la nécessité de minimiser l'impact environnemental, d'adopter la sensibilité culturelle, de soutenir les entreprises locales et de contribuer activement aux projets communautaires.

1. Minimiser Impact environnemental:

Les voyageurs responsables en Albanie sont fermes dans leur engagement à minimiser leur empreinte environnementale. Des sommets des Montagnes Maudites aux plages ensoleillées de la Riviera albanaise, les touristes sont encouragés à adopter des habitudes respectueuses de l'environnement qui protègent ces paysages vierges. Les stratégies comprennent la réduction des déchets, l'accent mis sur l'élimination responsable des déchets et la participation active aux initiatives locales de conservation. La conservation de l'eau est primordiale, avec une conscience des écosystèmes locaux et un engagement à préserver cette ressource précieuse. De plus, les touristes responsables explorent des alternatives de transport durables, telles que le vélo ou la marche, qui non seulement améliorent l'expérience de voyage, mais réduisent également considérablement les émissions de carbone. En foulant légèrement l'environnement, les visiteurs jouent un rôle central dans la préservation des merveilles naturelles à couper le souffle de l'Albanie pour les générations à venir.

2. Respecter Culture et coutumes locales :

La sensibilité culturelle fait partie intégrante du tourisme responsable en Albanie. La riche mosaïque de traditions et de coutumes du pays est profondément liée à son histoire, et les voyageurs sont invités à aborder ces nuances culturelles avec respect et attention. Des bazars animés de Tirana à l'ancienne citadelle de Gjirokastër, les touristes responsables s'engagent auprès des habitants de manière significative et respectueuse. Cela va au-delà des interactions superficielles et plonge dans l'essence de l'identité albanaise. Comprendre et adhérer à l'étiquette locale favorise non seulement les échanges culturels positifs, mais contribue également à la préservation du patrimoine unique de la nation. En assistant à des événements locaux, en participant à des cérémonies traditionnelles et en appréciant les arts, les voyageurs responsables deviennent des ambassadeurs de l'harmonie culturelle, laissant une marque indélébile qui transcende le simple tourisme.

3. Soutenir Entreprises locales :

Une partie intégrante du tourisme responsable en Albanie implique de choisir consciemment des hébergements appartenant à des propriétaires locaux, de dîner dans des restaurants familiaux et d'acheter des produits dans des magasins autochtones. La décision de soutenir les entreprises locales n'est pas simplement une transaction financière mais un effort délibéré pour renforcer le tissu socio-économique des communautés. Cette relation symbiotique garantit qu'une part importante des dépenses touristiques profite directement à la population locale.

Des charmantes maisons d'hôtes de la ville de Berat, classée au patrimoine mondial de l'UNESCO, aux boutiques artisanales pittoresques de Shkodër, les voyageurs responsables contribuent à l'authenticité et à la durabilité des destinations qu'ils explorent. Ce faisant, ils favorisent un véritable lien avec la communauté, s'immergeant dans la tapisserie vibrante de la vie albanaise.

4. Contribuer aux projets communautaires :

Les touristes responsables en Albanie recherchent activement des opportunités de contribuer à des projets de développement communautaire, incarnant l'esprit du tourisme responsable. L'engagement s'étend au-delà du tourisme traditionnel, évoluant vers un engagement participatif avec des initiatives locales. Le bénévolat pour des projets communautaires, qu'ils soient axés sur la conservation de l'environnement, l'éducation ou le développement des infrastructures, permet aux voyageurs d'avoir un impact tangible. En soutenant des programmes éducatifs et des initiatives qui améliorent le bien-être des communautés locales, les touristes responsables deviennent des catalyseurs de changement positif. Ces efforts améliorent non seulement le paysage socio-économique, mais favorisent également un lien plus profond entre le visiteur et le visité.

L'esprit collaboratif du tourisme responsable, évident dans le soutien aux projets communautaires, transforme l'expérience de voyage en un voyage mutuellement enrichissant pour les invités et les hôtes.

Hébergements et activités écologiques

L'Albanie, avec ses paysages pittoresques et son riche patrimoine culturel, captive non seulement le cœur des voyageurs, mais ouvre également la voie en matière de pratiques de tourisme durable. Ce chapitre dévoile le domaine florissant des hébergements et des activités écologiques, à l'image des initiatives mondiales visant à promouvoir le voyage responsable. Ces offres s'adressent au voyageur exigeant qui recherche non seulement un lieu de séjour, mais une expérience immersive qui s'aligne sur la conscience environnementale et les valeurs éthiques.

1. Vert Hébergements :

L'Albanie est devenue un pionnier en proposant une gamme diversifiée d'hébergements respectueux de l'environnement, chacun contribuant à la préservation de ses splendeurs naturelles. De la charmante Riviera albanaise aux montagnes escarpées du nord, les écolodges nichés dans des réserves naturelles deviennent de plus en plus populaires. Ces établissements donnent la priorité à la durabilité en adoptant des pratiques économes en énergie, telles que l'énergie solaire et les appareils économes en énergie. Les mesures de réduction des déchets, notamment le recyclage et le compostage, font partie intégrante des opérations de ces hébergements. De plus, bon nombre de ces écolodges s'engagent activement dans des efforts de conservation de l'eau, utilisant souvent des systèmes de récupération des eaux de pluie.

Le secteur hôtelier en Albanie a également été témoin de l'essor des hôtels-boutiques dotés de certifications vertes, répondant à des critères de durabilité stricts. Ces établissements vont au-delà des principes de base du respect de l'environnement, en intégrant des éléments de conception innovants qui s'intègrent parfaitement à l'environnement naturel. Les clients se voient offrir une expérience immersive où chaque aspect de leur séjour est soigneusement organisé pour minimiser l'impact environnemental. Les produits locaux et biologiques sont un incontournable de ces hôtels, contribuant au soutien des agriculteurs régionaux et réduisant l'empreinte carbone associée à l'approvisionnement alimentaire. En fin de compte, ces hébergements écologiques offrent non seulement un séjour confortable et unique, mais servent également de phares d'inspiration pour que d'autres établissements adoptent des pratiques respectueuses de l'environnement.

2. Axé sur la nature Activités:

Les activités respectueuses de l'environnement en Albanie englobent la diversité des paysages du pays, offrant aux voyageurs une multitude d'options pour se connecter de manière responsable avec la nature. Pour les amoureux de la nature, les possibilités sont aussi vastes et variées que le terrain lui-même. L'éco-trekking à travers les Alpes albanaises ou le long du littoral immaculé offre la possibilité d'explorer la beauté naturelle du pays tout en laissant une empreinte écologique minimale. Les voyageurs peuvent choisir parmi une gamme d'éco-visites guidées, chacune conçue pour plonger les participants dans des paysages à couper le souffle tout en adhérant aux principes du tourisme responsable.

L'observation des oiseaux, une autre activité populaire axée sur la nature, invite les visiteurs à découvrir la riche biodiversité aviaire de l'Albanie. La situation stratégique du pays le long des routes de migration des oiseaux en fait un paradis pour les ornithologues amateurs. En collaboration avec des organisations de conservation locales, des voyagistes respectueux de l'environnement organisent des excursions d'observation des oiseaux qui mettent non seulement en valeur la beauté de ces créatures ailées, mais soulignent également l'importance de préserver leurs habitats.

Pour ceux qui recherchent une approche plus pratique de la conservation, l'Albanie propose des expériences de conservation de la faune. Les voyageurs peuvent participer activement à des programmes axés sur la protection des espèces menacées ou la restauration des écosystèmes. Ces initiatives contribuent non seulement à la préservation de la biodiversité de l'Albanie, mais offrent également des opportunités éducatives, favorisant une compréhension plus approfondie de l'équilibre délicat de l'environnement naturel du pays.

3. Culinaire Expériences avec des ingrédients locaux :

L'essence du voyage durable s'étend aux expériences culinaires, où les touristes peuvent savourer des repas de la ferme à la table qui sortent de l'ordinaire. Les riches traditions agricoles de l'Albanie prennent vie à travers des projets culinaires qui mettent l'accent sur les ingrédients locaux. Les expériences culinaires de la ferme à la table permettent aux visiteurs d'entrer en contact avec les agriculteurs et les producteurs locaux, d'acquérir un aperçu du patrimoine culinaire du pays tout en soutenant l'économie de la région.

L'exploration de la cuisine albanaise traditionnelle prend une tournure durable lorsqu'elle se concentre sur des ingrédients d'origine locale. Des régions montagneuses où les produits laitiers sont élaborés avec savoir-faire aux zones côtières proposant des fruits de mer frais pêchés par les pêcheurs locaux, le paysage culinaire reflète un engagement en faveur de la durabilité. Les plats traditionnels, préparés en mettant l'accent sur la saisonnalité et la localité, offrent non seulement un délice gastronomique, mais contribuent également à réduire l'impact environnemental associé au transport des aliments.

Soutenir les communautés locales et les efforts de conservation

Le tourisme durable ne consiste pas seulement à minimiser les impacts négatifs ; il s'agit de contribuer activement au bien-être des communautés locales et à la conservation des ressources naturelles. Dans le contexte accidenté et la richesse culturelle de l'Albanie, cet engagement occupe une place centrale. L'Albanie, reconnaissant le lien intrinsèque entre ses atouts naturels et culturels et le tourisme durable, présente un modèle permettant aux voyageurs de devenir des gardiens de la préservation.

Initiatives touristiques communautaires :

Les initiatives touristiques communautaires de l'Albanie offrent une expérience authentique et immersive aux voyageurs. Choisir de séjourner dans des maisons d'hôtes gérées par des familles locales ou de participer à des programmes d'échange culturel offre une perspective unique sur les traditions et les modes de vie des communautés albanaises. Ce type de tourisme responsabilise les résidents locaux sur les plans économique et social, favorisant un véritable lien entre les voyageurs et les personnes qu'ils rencontrent. L'effet d'entraînement est profond, car les avantages économiques du tourisme profitent directement à ceux qui habitent en Albanie. Au-delà des gains financiers, le tourisme communautaire contribue également à la préservation des pratiques et coutumes traditionnelles, garantissant ainsi que le tissu culturel albanais reste dynamique et intact pour les générations à venir. À mesure que les visiteurs s'engagent auprès des communautés locales, une profonde compréhension de la relation symbiotique entre le tourisme et le bien-être des communautés émerge.

Artisanat et souvenirs artisanaux :

L'un des moyens les plus concrets pour les touristes de contribuer aux communautés locales consiste à soutenir l'artisanat et les souvenirs. Les marchés, ateliers et coopératives albanais mettent en valeur les incroyables talents des artisans locaux, créant ainsi l'occasion pour les voyageurs de ramener chez eux bien plus que de simples souvenirs. L'achat d'objets artisanaux contribue non seulement directement au bien-être économique des artisans et de leurs familles, mais soutient également la pérennité de l'artisanat traditionnel. Des textiles finement tissés aux poteries reflétant des techniques séculaires, ces souvenirs racontent une histoire qui dépasse les limites de l'itinéraire du voyageur. Le tourisme durable, dans ce contexte, devient un moyen de préserver le patrimoine culturel en garantissant que l'art traditionnel reste économiquement viable. Le fait d'acheter local investit non seulement dans les artisans eux-mêmes, mais renforce également la résilience et le caractère unique des communautés d'où proviennent ces métiers.

Partenariats avec des organismes de conservation :

L'engagement de l'Albanie en faveur de la conservation de l'environnement est renforcé par des partenariats entre les organisations de conservation et les acteurs du tourisme. De nombreuses organisations collaborent avec les communautés locales pour protéger les divers écosystèmes et la biodiversité du pays. Les voyageurs peuvent contribuer activement à ces efforts en choisissant des voyagistes et des hébergements alignés sur les principes de conservation de l'environnement. En soutenant les établissements qui privilégient la durabilité, les visiteurs deviennent les défenseurs des trésors écologiques de l'Albanie. Ces partenariats vont au-delà des contributions financières ; ils créent un réseau collaboratif qui favorise des pratiques touristiques responsables. En choisissant des options respectueuses de l'environnement, les voyageurs deviennent des acteurs à part entière d'une stratégie plus large de protection des habitats naturels, garantissant ainsi la pérennité des paysages uniques de l'Albanie pendant des générations. Cette alliance harmonieuse entre tourisme et conservation reflète la compréhension selon laquelle la préservation des merveilles naturelles de l'Albanie est une responsabilité partagée.

Initiatives éducatives pour les voyageurs :

Promouvoir la sensibilisation et la compréhension parmi les voyageurs est un aspect essentiel du tourisme durable en Albanie. Les initiatives éducatives, telles que les visites guidées mettant en valeur les efforts de conservation, servent de pont entre les visiteurs et les défis environnementaux auxquels le pays est confronté. Les touristes avertis sont plus susceptibles de faire des choix conformes aux pratiques durables, qu'il s'agisse de minimiser leur empreinte écologique ou de participer activement à des projets de conservation. Ces initiatives non seulement éduquent mais inspirent également un sentiment de responsabilité et d'intendance. À mesure que les voyageurs découvrent l'équilibre délicat des écosystèmes albanais, ils deviennent des défenseurs de sa préservation. Le parcours éducatif va au-delà de la surface, créant des ambassadeurs qui portent le message de durabilité bien au-delà des frontières de ce joyau des Balkans. Grâce à cette compréhension commune, le tourisme devient un catalyseur de changement positif, renforçant l'importance de préserver les écosystèmes uniques de l'Albanie pour le bénéfice des habitants locaux et des futurs visiteurs.

PRIME

A. Itinéraire de 7 jours pour explorer l'Albanie : un guide de voyage complet

Jour 1 : Tirana – Extravagance de la capitale

Matin : Commencez votre voyage à Tirana, la dynamique capitale de l'Albanie. Visitez la place Skanderbeg, qui abrite le musée national d'histoire et l'emblématique monument Skanderbeg.

Après-midi : Explorez le quartier de Blloku, connu pour ses cafés branchés, ses boutiques et son atmosphère animée. Profitez d'un déjeuner albanais traditionnel dans un restaurant local.

Soirée : Découvrez la vie nocturne dans les bars et clubs branchés de Blloku et découvrez le côté énergique de Tirana.

Jour 2 : Kruje - Histoire et Traditions

Matin : Direction Krujë, une ville historique. Visitez le château de Krujë, qui abrite le musée Skanderbeg, qui donne un aperçu de l'histoire médiévale de l'Albanie.

Après-midi : Promenez-vous dans le vieux bazar proposant des objets artisanaux et des souvenirs traditionnels. Dégustez une cuisine locale dans un restaurant traditionnel.

Soirée : Détendez-vous dans les environs pittoresques de Krujë et assistez au coucher de soleil sur le paysage.

Jour 3 : Shkodër - Riche histoire et paysages époustouflants

Matin : Voyage à Shkodër, connue pour son importance historique. Visitez le château de Rozafa, offrant une vue panoramique sur la ville et le lac Shkodër.

Après-midi : Explorez la vieille ville de Shkodër, avec ses rues pavées et son architecture ottomane. Déjeunez dans un restaurant local.

Soirée : faites une excursion en bateau sur le lac Shkodër ou détendez-vous sur les rives en vous immergeant dans une ambiance sereine.

Jour 4 : Riviera albanaise – Plages immaculées et charme côtier

Matin : Voyage vers la Riviera albanaise, célèbre pour ses plages immaculées. Arrêtez-vous à Dhërmi ou à la plage de Jale pour une matinée de détente au bord de la mer.

Après-midi : Continuez votre voyage vers Himara, en explorant les villages côtiers et en savourant un déjeuner de fruits de mer.

Soirée : assistez à un coucher de soleil fascinant sur la mer Ionienne, une fin parfaite pour votre journée sur la Riviera.

Jour 5 : Gjirokastër - Architecture ottomane et joyaux culturels

Matin : Départ pour Gjirokastër, site classé au patrimoine mondial de l'UNESCO. Explorez le château de Gjirokastër et le musée ethnographique.

Après-midi : Promenez-vous dans les rues pavées de la vieille ville, connue pour son architecture ottomane bien préservée. Déjeunez dans une taverne traditionnelle.

Soirée : assistez à un spectacle culturel ou détendez-vous dans un salon de thé local en vous imprégnant de l'ambiance de Gjirokastër.

Jour 6 : Apollonia – Ruines antiques et merveilles archéologiques

Matin : Visitez Apollonia, un ancien site archéologique. Explorez les ruines de la ville antique, notamment l'Odéon et le Bouleutérion.

Après-midi : Profitez d'un pique-nique au milieu des oliviers centenaires entourant Apollonia. Continuez votre voyage vers Vlorë.

Soirée : Détendez-vous sur la promenade du front de mer de Vlorë et dînez dans un restaurant de fruits de mer en savourant les saveurs de l'Adriatique.

Jour 7 : Parc National de Butrint - Nature et histoire dévoilées

Matin : Dirigez-vous vers le parc national de Butrint, un site de l'UNESCO avec une histoire riche et des écosystèmes diversifiés. Explorez la ville antique et ses merveilles archéologiques.

Après-midi : Déjeunez tranquillement dans le cadre serein du parc. Faites une excursion en bateau jusqu'au canal Vivari pour une perspective unique de Butrint.

Soirée : terminez votre voyage par un dîner d'adieu à Saranda, en réfléchissant aux diverses expériences et souvenirs de votre semaine d'exploration de l'Albanie.

Cet itinéraire offre une expérience complète de l'Albanie, équilibrant ses trésors historiques, ses merveilles naturelles et sa richesse culturelle. Des ajustements peuvent être effectués en fonction des préférences personnelles et du rythme de déplacement.

B. Phrases de base pour les voyageurs et les touristes se rendant en Albanie

Voici une collection d'expressions de base qui peuvent être utiles aux voyageurs et aux touristes en Albanie :

1. Salutations:

Bonjour bonjour
Bonjour bonjour
Bon après-midi
Bonne soirée
Bonne nuit Bonne nuit

2. Commun Expressions:

Oui - Po
Non - moi
S'il vous plaît s'il vous plaît
Merci merci
Excusez-moi / Désolé - je suis désolé
De rien - Ju Lutem

3. Obtenir Autour:

Où est...? - Où est...?
Combien ça coûte? - Combien ça coûte?
Je voudrais... - Je voudrais...

Pouvez-vous m'aider? - Pouvez-vous m'entendre?
J'ai besoin d'un taxi - j'ai besoin d'un taxi

4. Dîner Dehors:

Menu - Devises
L'eau l'eau
Alimentation - Alimentation
Délicieux - Délicieux
Bill, s'il te plaît - Bill, s'il te plaît

5. Hébergement:

Hôtel - Hôtel
Chambre - Chambre
Réservation - Réservation
Check-in - Inscription
Check-out - Livraison

6. Chiffres:

1 un
2 - Ceux
3 - Trois
10 - Dix
100 - Cent

7. Urgences:

Aide! - Aide!
J'ai besoin d'un médecin - j'ai besoin d'un médecin
Policier - Policier
Urgence - Urgence

8. Itinéraire:

Gauche - Gauche
Droite - Droite
Tout droit - Direct
Où se trouvent les toilettes? - Où se trouvent les toilettes?

9. Achats:

Combien ça coûte? - Sa Kushton ?
Je veux acheter... - Je veux acheter...
Puis-je payer avec une carte de crédit? - Puis-je payer par carte de crédit?
Ouvert - Ouvert
Fermé - Fermé

10. Culturel Interactions :

Quel est ton nom? - Si quoi ?
Je m'appelle... - Quhem...

Ravi de vous rencontrer - je suis heureux de vous connaître
Parles-tu anglais? - Parler anglais?

Ces phrases de base devraient vous aider à naviguer dans les situations courantes et à interagir avec les habitants lors de votre voyage en Albanie. Apprendre quelques phrases clés peut améliorer votre expérience globale et démontrer votre respect pour la culture locale.

C. 10 choses que vous ne devriez pas faire en Albanie pour les touristes et les voyageurs

1. Manque de respect Sites religieux :

L'Albanie possède un paysage religieux diversifié et de nombreux lieux de culte revêtent une importance culturelle significative. Évitez les comportements irrespectueux, les conversations bruyantes ou les vêtements inappropriés lorsque vous visitez des mosquées, des églises ou d'autres sites religieux.

2. Photographier Zones sensibles :

Évitez de prendre des photos d'installations militaires, de bâtiments gouvernementaux ou d'infrastructures sensibles. C'est généralement interdit et cela pourrait attirer l'attention indésirable des autorités.

Coutumes et traditions locales :

Soyez attentif aux coutumes et traditions locales. Par exemple, lorsqu'on est invité chez quelqu'un, il est de coutume d'apporter un petit cadeau. Faites preuve de respect pour les traditions locales pour favoriser des interactions positives.

4. Détritus et le mépris de l'environnement :

La beauté naturelle de l'Albanie est un trésor. Ne jetez pas de déchets et ne nuisez pas à l'environnement. Jetez vos déchets de manière responsable et évitez de nuire à la flore ou à la faune, notamment dans les parcs nationaux et les zones protégées.

5.;Surplombant Sensibilités culturelles :

Les Albanais apprécient l'espace personnel et la politesse. Évitez les questions intrusives et tenez compte des limites personnelles. Abstenez-vous de discuter de sujets sensibles comme la politique ou les conflits historiques, à moins d'y être invité.

6. Ne pas tenir compte Les règles de circulation:

Suivez scrupuleusement les règles de circulation. Les routes albanaises peuvent être difficiles et les règles de circulation doivent être strictement respectées. Évitez la conduite imprudente et soyez prudent lorsque vous traversez les rues.

7. Engager dans les démonstrations publiques d'affection :

La culture albanaise a tendance à être plus conservatrice en ce qui concerne les manifestations publiques d'affection. Il est conseillé de garder les expressions d'intimité privées afin de respecter les normes culturelles locales.

8. Sous-estimation le terrain montagneux :

Si vous envisagez d'explorer les régions montagneuses de l'Albanie, assurez-vous d'être bien préparé. Les conditions météorologiques peuvent changer rapidement et certaines zones peuvent manquer d'infrastructures. Informez quelqu'un de vos projets si vous vous aventurez dans des régions moins peuplées.

9.bNégliger Tenue vestimentaire appropriée sur les plages :

Bien que la tenue de plage soit acceptable dans les zones côtières, il est conseillé de s'habiller modestement lorsque l'on s'éloigne de la plage. Respectez les normes locales, en particulier dans les régions les plus conservatrices.

10. Sans tenir compte Précautions de sécurité:

L'Albanie est généralement sûre, mais comme toute destination, il est crucial d'être vigilant. Évitez les zones mal éclairées la nuit, sécurisez vos affaires et soyez prudent dans les endroits très fréquentés pour éviter tout problème potentiel.

D. 10 endroits que vous ne devriez pas visiter en Albanie pour les touristes et les voyageurs seuls, surtout la nuit

Bien que l'Albanie soit généralement une destination sûre pour les touristes, il existe certains endroits que les individus, en particulier les voyageurs seuls et de nuit, doivent approcher avec prudence. Il est essentiel d'être conscient de votre environnement et de respecter les conseils locaux pour une expérience sécurisée. Voici dix endroits en Albanie qui pourraient être considérés comme moins sûrs pour les voyageurs seuls, en particulier la nuit tombée :

1. Spontané Quartiers informels : évitez de vous promener dans les quartiers spontanés ou informels, en particulier dans les zones urbaines, après la tombée de la nuit. Tenez-vous-en aux zones bien éclairées et peuplées.

2. À distance Zones de montagne :

Parcs nationaux de Theth et Valbona : certaines zones montagneuses isolées peuvent manquer d'infrastructures et poser des problèmes aux voyageurs solitaires, surtout la nuit.

3. Isolé Des plages:

Plage de Dhermi : Bien que le littoral albanais soit généralement sûr, les plages isolées, comme Dhermi la nuit, pourraient l'être moins. Tenez-vous-en aux zones de plage populaires et bien fréquentées.

4.;Certains Quartiers de la ville :

Certaines parties de Kamza à Tirana : Certains quartiers, comme certaines parties de Kamza à Tirana, peuvent avoir des taux de criminalité plus élevés. Il est conseillé d'éviter ces zones, surtout la nuit.

5. Abandonné Bâtiments et structures :

Zones industrielles abandonnées : L'exploration de zones abandonnées, telles que les zones industrielles, peut présenter des risques, en particulier lorsque l'on est seul et pendant la nuit.

6. Frontière Domaines :

Zones frontalières avec le Kosovo : certaines régions frontalières, en particulier celles proches du Kosovo, peuvent disposer de moins d'infrastructures et de services limités, ce qui les rend moins adaptées aux voyageurs solitaires.

7. Discothèques dans les zones moins fréquentées :

Discothèques dans les zones reculées : Même si la vie nocturne en Albanie est généralement sûre, les discothèques situées dans des zones moins fréquentées ou isolées peuvent avoir des normes de sécurité différentes.

8. Certain Parcs publics :

Parc Rinia à Tirana : Certains parcs publics, comme le parc Rinia à Tirana, peuvent avoir moins de monde la nuit, ce qui les rend moins idéaux pour une exploration en solo.

9. Faiblement Rues éclairées :

Rues faiblement éclairées à Vlorë : évitez de marcher seul dans les rues mal éclairées ou désertes, en particulier dans les zones moins peuplées comme certaines parties de Vlorë.

10. Non réglementé Services touristiques :

Services touristiques non enregistrés : soyez prudent avec les services non réglementés ou non enregistrés, en particulier ceux proposant du transport ou de l'hébergement dans des régions moins touristiques.

Il est important de noter que la sécurité personnelle peut être subjective et que les expériences peuvent varier. Prenez des précautions générales de sécurité, restez informé de votre environnement et demandez conseil aux autorités locales pour garantir une visite sûre et agréable en Albanie. Tenez toujours compte de votre niveau de confort personnel et prenez les précautions nécessaires lorsque vous explorez des zones inconnues, en particulier la nuit.

E. PLANIFICATEUR DE VOYAGE

DESTINATION:

RENDEZ-VOUS:

MON	MAR	ÉPOUSER	JEU	VEN	ASSIS	SOLEIL

SITES À VOIR :

…………………….

……………………..

……………………..

…………………….

DES ENDROITS POUR MANGER:

……………………..

…………………………

…………………………

…………………………

…………………………..

…………………………

EXCURSIONS:

…………………..

…………………

…………………..

…………………..

LES DÉTAILS DU VOL:

Printed in France by Amazon
Brétigny-sur-Orge, FR